Mit allen Sinnen

Eine Sammlung von Texten aus dem
Club der altersgemischten Dichterinnen und Dichter
der Schreibwerkstatt der Universität des Dritten Lebensalters
Göttingen

Zusammengestellt von Ruth Finckh
und den Autorinnen und Autoren dieses Buches

Buchgestaltung: Manfred Kirchner und die Autoren
November 2021

Die Anthologie entstand im Rahmen der von Dr. Ruth Finckh geleiteten Offenen Schreibwerkstatt an der Universität des Dritten Lebensalters (UDL) Göttingen

Die UDL ist Kooperationspartner der Universität Göttingen

Herstellung und Verlag:

BoD – Books on Demand, Norderstedt

ISBN: 9783755740902

Illustrationen und Bilder lt. Bildunterschrift

Umschlagtitelbild: Gaba Weis, bearbeitet von Manfred Kirchner. Bild Umschlagrückseite: Tatjana Josipovic.

Zu diesem Buch

Unsere Anthologie ist das Ergebnis vielfältiger vertrauensvoller Zusammenarbeit. Dass diese Kooperation unter Pandemiebedingungen und über viele Alters- und Erfahrungsgrenzen hinweg so gut gelungen ist, liegt an der freundlichen Neugier und Offenheit, die den *Club der altersgemischten Dichterinnen und Dichter*, auch *Offene Schreibwerkstatt der UDL* genannt, seit vielen Jahren auszeichnet.

Wir haben online gearbeitet, ausschließlich und mit wachsender Selbstverständlichkeit. Die Dienstagnachmittage voller lebendiger Diskussionen in unseren Videokonferenzen wurden zur lieben Gewohnheit, fast so unmittelbar wie reale Begegnungen. Die Kameras blieben während der Sitzungen angeschaltet, sodass man die konzentrierten Gesichter der MitstreiterInnen, ihr Kopfschütteln oder Nicken sehen konnte, während sie die vorher eingereichten Texte diskutierten.

Quer durch die Generationen wurde gelacht, argumentiert und gemeinsam um die beste Formulierung gerungen. Ganz gleich, ob die VerfasserInnen unter 25 oder über 75 Jahre alt waren, ob sie direkt aus Göttingen, aus dem Landkreis oder sogar aus dem Ausland kamen: Jedes Werk wurde sorgsam unter die Lupe genommen. Eine manchmal ein wenig beängstigende, aber meistens sehr schöne Erfahrung – gerade für ganz junge AutorInnen!

Die Studierenden haben die Möglichkeit, Studienleistungen zu erbringen, indem sie mit einem Partner oder einer Partnerin aus der UDL gemeinsam ein Schreibprojekt durchführen und darüber einen Bericht schreiben. Eines der Tandemprojekte (*Die kleine Kerze*) ist in diesem Band dokumentiert.

Das Thema *Mit allen Sinnen* hat die unterschiedlichsten Assoziationen geweckt und uns gerade deshalb intensiv beschäftigt, weil die Pandemie so alltägliche Sinnenfreuden wie Restaurantbesuche, Konzerte und Urlaube, aber auch gesellige Begegnungen, unerwartet problematisch und damit kostbar gemacht hat.

Dr. Ruth Finckh

Screenshot: Videokonferenz Offene Schreibwerkstatt   Birgit Heymann

Inhaltsverzeichnis

Zu diesem Buch	Ruth Finckh	v
Sushi, Sashimi und ich	Martina Scheible	2
Pfannkuchen	Lara Döring	4
Schokolade	Ruth Finckh	6
Triage und Karotten	Hans-Jochen Hüchting	7
Steinduft	Ruth Finckh	12
Gegengruß	Jonas Richter	12
Tavolo grande Ticino	Hansi Sondermann	13
Große Tessiner Tafel	Hansi Sondermann	20
Aprilabend auf dem Balkon	Ruth Finckh	23
Erlebnisse einer Aldikundin	Karolin Grabe	24
Winteraugen	Ruth Finckh	28
Wüstendüfte	Gernot Sander	29
Im siebten Himmel	Alexandra Grupe	32
Süßer Verfall	Samira Belmonte	33
Aber ach, was ist das für ein Geruch	Frauke Twiehaus-Fischer	38
Viervierteltakt	Manfred Kirchner	40
Danz op de Deel	Birgit Heymann	41
Erdbeeren	Michael Groß	45
Erdbeerzeit	Petra Koslowski	47
An meinen Wald	Birgit Heymann	59
Hände	Nevena Radeva	61
Veronika und die Blauen Blumen	Ruth Finckh	62
Held der Straße	Petra Koslowski	64

Ode an meine Hand	Gaba Weis	67
Henry	Manfred Kirchner	68
Im Wald	Helga Margenburg	71
Sturmflut	Manfred Kirchner	74
Stille nach dem Sturm	Albrecht Thiel	76
Das alte Haus	Helga Margenburg	79
Vintage	Claudia Liersch	84
Chaco Canyon	Gernot Sander	88
Kartoffelfeuer	Ruth Finckh	90
Der Papiercontainer	Birgit Heymann	91
Flieder	Ruth Finckh	95
Cappuccetto Rosso	Claudia Liersch	96
ode, sinnlos	Jonas Richter	102
Wie Harz und feuchte Wälder	Samira Belmonte	103
Harz und Waldes Feuchte	Samira Belmonte	107
Wein und Silber	Michael Groß	108
Das rote Mützchen	Helga Margenburg	118
Ein Hauch von Freiraum	Nevena Radeva	124
Der 95. Geburtstag	Lore I. Lehmann	125
Draußen	Gaba Weis	140
Geborgenheit	Claudia Liersch	142
Mein Weihnachten	Martina Scheible	144
Pins Parasols	Lore I. Lehmann	146
Februar	Ruth Finckh	155
Sinnlich	Samira Belmonte	156
Mezquita de Cordoba	Martina Scheible	157
Wurzelraumansprache	Ruth Finckh	160
Mein Asperger	Gernot Sander	169

Winter, hör!	Ruth Finckh	174
Panik	Claudia Liersch	176
Eine Frage des Geschmacks!	Gaba Weis	180
Innerer Sinn	Gernot Sander	182
Zwei Bilder	Gernot Sander	184
In der Astgabel	Ruth Finckh	187
Kleine Helden	Manfred Kirchner	188
Welt wieder in HD	Mirjam Elisa Ritz	193
Hässliches Grau?	Ruth Finckh	194
Herzkirschenaugen	Martina Scheible	195
Der grüne Sinn	Gaba Weis	196
Mammuts	Michael Groß	198
Ein Gleichnis	Gernot Sander	204
Li lei li lei lei	Birgit Heymann	206
Blumengarten	Nevena Radeva	207
Von Sinnen	Samira Belmonte	208
Mein schönes schwarzes Fell	Michael Groß	212
Endspiel?	Hansi Sondermann	215
Die kleine Kerze – Ein Märchen	Aimee Humme und Hans-Jürgen Hüchting	223
Tandemprojekte		231
Danke!		232
Die Autorinnen und Autoren		233

Foto: Manfred Kirchner

Martina Scheible

Sushi, Sashimi und ich

Wenn ich über ein Nahrungsmittel schreiben soll, das für mich besondere Bedeutung hat, mich vielleicht sogar ein wenig definiert, muss ich nicht lange nachdenken. Ich gehe einfach zu meinem Kühlschrank, öffne ihn, und es leuchtet mir so weiß wie Reis, so orangerot wie Lachs und so schwarz wie Algen und Sojasauce entgegen. Dazu das scharfe Grün von Wasabi, dem japanischen Meerrettich, der so schön die Atemwege durchpustet, und das durchsichtig-schimmernde Beige von Gari, dem eingelegten, in dünne Scheiben geschnittenen Ingwer, der den Gaumen klärt und immer wieder für neue Geschmacksnuancen der verschiedenen Fischarten öffnet.

Sushi, rohe Fischhäppchen auf Reis, und Sashimi, elegant geschnittene Scheiben von rohem Fisch und Meeresfrüchten ganz für sich, sind für mich ein Lebensgefühl. Selbst der Sushi-Reis erzählt mir vom Wasser, in dem er angebaut wird, und ist immer etwas klebrig feucht, um die Form zu halten.

Sushi und Sashimi verkörpern für mich das Meer, meinen ureigensten Sehnsuchtsort, den ich daran erschmecken, erriechen und erfühlen kann. Sie vereinigen alles, was ich bei Essenszubereitung besonders mag – absolute Frische, gänzlich Unzerkochtes, Feuchtes, nie zu Trockenes, eine reichhaltige Geschmackspalette, denn jeder Fisch, jede Muschelart, jedes Körperteil eines Tintenfischs schmeckt anders. Und im Rohzustand sind die geschmacklichen Unterschiede für mich noch stärker ausgeformt, mehr im Vordergrund, ganz individuell und puristisch, ohne weitere Zusätze wie Gewürze. Auch die Augen feiern mit, denn die kunstvolle Präsentation dieser Meeresschätze, das mit Liebe arrangierte Zusammenspiel von Farben und Formen, ist Teil der Gaumenfreude.

2

Und dann erst die Texturen – Fisch und Muscheln und Tintenfisch sind weder schleimig noch langweilig, wenn sie roh als Sashimi präsentiert werden – mal bissfester, mal im Mund zergehen mal richtig zu kauen, glatt oder etwas rau, leicht körnig, tief und hoch eingekerbt, geben sie der Zunge und den Zähnen etwas zu ertasten, zu knabbern, zu umfangen, zu liebkosen und sich im wahrsten Sinn des Wortes einzuverleiben, um damit genussvoll zu verschmelzen.

Und immer höre ich im Geiste die Wellen des Meeres. Wenn ich Sushi und Sashimi esse, ist es ein bisschen wie darin zu schwimmen, und ich bin in meinem Element. Und ganz und gar am Leben. Und glücklich.

Foto: Mein Sushi-Fest
Martina Scheible

Lara Döring
Pfannkuchen

Kaum, dass der Teig in die Pfanne läuft und auf das heiße Öl trifft, beginnt sich ein süßer Duft in der Küche auszubreiten. Dieser Geruch gibt mir ein Gefühl von Geborgenheit. Das Gefühl nach Hause zu kommen. Das Gefühl wieder ein Kind zu sein.

Pfannkuchen gab es früher immer nur bei meiner Oma. Aber dort gab es die allerbesten „Mehlpfannkuchen", wie sie immer zu sagen pflegte. Tagelang freute ich mich im Voraus darauf, sodass mir an diesem besonderen Tag sogar der anstrengende Rückweg von der Schule nichts ausmachte. Vielmehr schien ich förmlich leicht wie eine Feder nach Hause zu schweben.

Kaum, dass ich die Haustür aufmachte, strömte mir dann diese Duftmischung aus Vanille, Zimt, Zucker, Mehl und Apfelmus entgegen. Die ersten Pfannkuchen waren bereits fertig und bei den letzten durfte ich mithelfen.

Also hieß es schnell die Schulsachen abladen, Hände waschen und ab in die Küche. Dort stand die Pfanne bereits auf dem Herd und darin brutzelte ein Pfannkuchen fröhlich vor sich hin. Neben dem Herd stapelten sich bereits die fertigen Pfannkuchen zu einem kleinen Turm. Auf dem Esstisch stand eine riesige Schale mit selbstgemachtem Apfelbrei, welcher fast genauso verführerisch duftete wie jeder einzelne Pfannkuchen. Wenn man nun beides zusammenmischte, dann kam mein absolutes Lieblingsessen dabei heraus.

Nachdem ich meiner Oma bei den letzten Pfannkuchen geholfen hatte, setzten wir uns zusammen an den Tisch und ich berichtete nebenbei, so gut ich es mit vollem Mund konnte, von meinem Schultag.

Messer und Gabel hatte sie mir zwar wie immer hingelegt, aber benutzen musste ich sie glücklicherweise nicht. Ab und zu aß ich auch mal ganz gerne mit den Fingern, wie das wohl jedes Kind gern tut. Schließlich waren meine Eltern ja nicht da und Oma war es egal, auch wenn meine Hände dann nach dem Essen glänzten, als hätte ich sie gerade frisch eingeölt.

Ich zog mir aus dem noch dampfenden Türmchen ein besonders schönes Exemplar heraus, bestrich es mit einer ordentlichen Menge an Apfelmus und rollte dann voller Vorfreude den Pfannkuchen zusammen. Ganz vorsichtig umfasste ich mit beiden Händen die Rolle und biss genüsslich ein Stück ab. Im Mund breitete sich die Wärme des Pfannkuchens aus, die jedoch sogleich von der Kühle des Apfelbreis abgemildert wurde. Leider hatte meine Rolltechnik zur Folge, dass immer wieder etwas vom Apfelbrei auf der anderen Seite über meine Hand herauslief. Bestenfalls tropfte es dann nur auf den Teller, oftmals aber eben auch ausgerechnet direkt daneben.

Tatsächlich hat sich an meiner Art, Pfannkuchen zu essen bis heute kaum etwas geändert. Vielleicht, weil es mich einfach an all die schönen gemeinsamen Momente von damals erinnert.

Nun kann ich sie leider nicht mehr mit meiner Oma zusammen essen, aber ihr Rezept nutze ich nach wie vor. Jedes Mal. Genauso wie sie es mir als Kind beigebracht hat.

Und immer, wenn ich einen Pfannkuchen esse, dann denke ich ganz fest an sie.

Pfannkuchen-Rezept:
Zutaten für ca. 8-10 Pfannkuchen:
4 Eier
2 EL Zucker
400 ml Milch
1 Prise Salz
200g Mehl
1 Päckchen Vanillezucker
1 Msp. Backpulver
Öl zum Ausbacken

Zubereitung: Die Eier mit dem Zucker mindestens 3 Minuten cremig aufschlagen und anschließend mit der Milch verrühren. Dann Salz, Mehl, Vanillezucker und Backpulver dazugeben und alles zu einem glatten Teig rühren. Den Teig für ca. 15 Minuten ruhen lassen.

Dann 1-2 große Schöpfkellen Teig in eine auf mittlere Hitze erhitzte Pfanne geben. Sobald sich nach ca. 2 Minuten kleine Bläschen bilden, den Pfannkuchen einmal wenden und von der anderen Seite schön goldbraun ausbacken.

Ruth Finckh

Schokolade

Wenn sie sich weich
um meine Zunge kuschelt,
dann blühn
meine Geschmacksknospen auf
und träumen
Vanillebestäubung.

Hans-Jochen Hüchting

Triage und Karotten

„Lass mich das bitte machen", sage ich zu meiner Frau, als ich zu ihr in die Küche komme.

Sie hat gerade unsere kleine Enkelin vor sich auf das Stühlchen gesetzt, um sie mit Karottenbrei aus dem Gläschen zu füttern.

„Hätte ich mir denken können", sagt meine Frau. „Auch unsere Kinder hast du immer füttern wollen, wenn es Karottenbrei gab."

„So ist das nun mal", murmele ich.

„Woher weißt du überhaupt, dass hier Karottenbrei drin ist", fragt meine Frau mit Blick auf das Gläschen, dessen Etikett sie mit ihrer Hand abdeckt hält."

„Das könnte ich auf einen Kilometer Entfernung riechen."

„Was ist für dich am Karottenbrei so besonders?"

„Ist halt so", wehre ich die Frage ab.

„Da steckt mehr dahinter", beharrt meine Frau. „Schon oft habe ich dich gebeten, mir das zu erklären."

„Es fällt mir schwer, darüber zu sprechen."

„Warum?"

„Ich will meine Mutter nicht in ein schlechtes Licht rücken, und außerdem würde ich bestimmt anfangen zu heulen. Schrecklich!"

Sie reicht mir das Glas und schaut lächelnd zu, wie unsere kleine Enkelin genüsslich den Mund öffnet und sich von mir füttern lässt.

„So, und jetzt erzählst du es mir bitte", dringt meine Frau in mich, als unsere Enkelin satt ist.

Ich spüre den glücklichen Blick unserer Enkelin auf mir, während meine Frau mich bittend weichlächelt. Wir setzen uns nebeneinander auf das Sofa und nehmen die Kleine zwischen uns, die inzwischen selig eingeschlafen ist.

Ich erinnere mich laut daran, was ich von anderen über der Zeit vor und kurz nach meiner Geburt erfahren habe:

Es war Krieg. Die Propaganda verschwieg die sich abzeichnende Niederlage nach der verlorenen Schlacht bei Stalingrad. Mein Vater, dieser Katastrophe durch glückliche Umstände entkommen, war in einer für ihn neuen Einheit in den Ardennen eingesetzt. Meine Mutter, mit mir hochschwanger, bekam die Anweisung, ihre Wohnung in Hannover, das bombardiert zu werden drohte, zu verlassen. Ihre beiden Kinder gab sie in die Obhut ihrer ebenfalls in Hannover lebenden Mutter. In einer Stadt im Ostharz, in der ihr Bruder als Frauenarzt praktizierte, brachte sie mich zur Welt. Kaum wieder zurück in der gemeinsamen Wohnung, erhielt sie einen Evakuierungsbefehl und musste die Stadt erneut, nun mit allen Kindern verlassen. Bei entfernten Verwandten, einem älteren Ehepaar, fanden sie Unterkunft in Ebstorf, einem Dorf in der Lüneburger Heide. Die beiden Alten waren ihr nicht wohlgesonnen und nahmen sie nur auf, um nicht ihnen ganz fremde Flüchtlinge bei sich wohnen lassen zu müssen. Ich bewundere meine Mutter, wie sie in dieser unfreundlichen Atmosphäre die Angst und Sorgen um ihren Mann, uns Kinder und sich selbst durchgestanden hat. Gemeinsam mit meinen Geschwistern erbat sie bei Bauern, was sie für uns zu essen bekommen konnte. Im Wald sammelten sie Holz, Pilze und Beeren und am nahen Bahndamm Essbares, das von den fahrenden Güterzugwagen gefallen war. Das war nie genug und sicher nicht ausreichend nahrhaft. Daher nahm ich, noch ein Kleinkind, nicht zu, war kränklich und wurde täglich schwächer. Meine Mutter überwand sich, meine Geschwister dem Ehepaar anzuvertrauen, bei dem wir zur Miete wohnten, und fuhr mit mir zu ihrer Mutter nach Hannover. Die ergatterte für mich einen Platz im Kinderkrankenhaus und versprach, sich um mich zu kümmern, so dass meine Mutter zu meinen Geschwistern erleichtert, wenn auch schweren Herzens zurückkehren konnte.

Meine Großmutter hatte die Gabe, in die Menschen, denen sie begegnete, hineinschauen zu können und sich nicht von Stand, Gehabe oder Äußerlichkeiten ablenken zu lassen.

„Ich kann mich auch mit einer Klofrau bestens unterhalten, wenn sie ein guter Mensch ist", sagte sie oft.

So hatte sie auch im Krankenhaus, in dem die überlasteten Ärzte sich als unzugängliche Halbgötter gaben, schnell vertrauensvolle Kontakte besonders zu einer Krankenschwester geknüpft, die sie eines Tages leise und mit eindringlichem Blick aufforderte, ihr in eine verschwiegene Ecke zu folgen.

„Ich darf Ihnen das nicht sagen, aber es Ihnen gegenüber zu verschweigen, bringe ich nicht übers Herz", flüsterte sie. „Als Hauptnahrung geben wir den Kindern Vorzugsmilch, aber davon haben wir nicht mehr genug. Ihr Enkel ist zu schwach. Wir bekommen ihn nicht durch. Daher gehört er zu denen, die wir aussortieren mussten und denen wir keine Vorzugsmilch mehr geben dürfen. Er bekommt fast nur mit Wasser verdünnte Milch zu trinken und ein wenig in Wasser gekochten Haferbrei, damit er nicht qualvoll verdurstet und verhungert. Inzwischen ist er so schwach, dass er, selbst, wenn wir ihm jetzt viel Vorzugsmilch oder gar anderes Nahrhafteres zu essen gäben, das wohl nicht mehr vertragen, wahrscheinlich sogar daran sterben würde. Ich kann nicht mehr tun, als Ihnen das zu sagen, und selbst das darf ich nicht. Es bricht mir das Herz."

Sie strich meiner Großmutter über die Schulter und wendete sich ab.

Es gab damals in einem Dorf in der Heide kein Telefon und kein Telegrafenamt. Für einen Brief, fürchtete meine Großmutter, war keine Zeit mehr. So ging sie heim und kam mit einer Wolldecke in das Krankenhaus zurück. In die wickelte sie mich, als sie sich unbeobachtet fühlte, und trug mich heimlich und unbemerkt aus dem Krankenhaus zu sich nach Hause. Was dann geschah, hat sie mir wieder und wieder erzählt. Ich erinnere mich noch an fast jedes Wort:

„Da hatte ich dich nun bei mir – auf eigene Verantwortung. Du lagst da als jämmerliches, kleines und blasses Bündel mit schmerzverzerrtem Gesicht. Selbst zum Schreien fehlte dir die Kraft. Ich konnte dich doch nicht einfach so verhungern lassen. Da stand mein Entschluss fest. ‚Wenn er schon sterben muss, dann soll er sich wenigstens einmal im Leben richtig satt gegessen haben.‘, machte ich mir selbst Mut. Ich habe dich mit in die Küche genommen, habe Karotten geschabt, in dünne Scheiben geschnitten, gekocht und zusammen mit Butter zu einem Brei gestampft. Das würde dich, wenn die Krankenschwester mit ihrer Warnung recht hatte, vielleicht umbringen. Aber das war mir in dem Moment egal. Zunächst hast du dich gegen das ungewohnte Essen gewehrt, aber schon bald war dein kleiner Mund weit geöffnet und gierig hast du ein Häppchen nach dem anderen verschlungen. Dann fingst du plötzlich an, jämmerlich zu schreien. Das wenigstens konntest du wieder, selbst wenn das deine letzten Lebensäußerungen sein sollten. Kaum aber hatte ich den Löffel, mit dem ich den Rest Brei vom Teller gekratzt hatte, wieder zum Füttern bereit, war dein Mündchen wieder weit geöffnet. Da verstand ich. Das Geräusch des am Tellerboden kratzenden Löffels kanntest du. Es bedeutete für dich: Nun gibt's nichts mehr. Da habe ich dir einen zweiten Teller Karottenbrei gemacht. Die Tränen sind mir die Wangen heruntergelaufen, während ich dich weiter fütterte, bis du schließlich satt, zufrieden und glücklich auf meinem Arm eingeschlafen bist. Sicher habe ich es mir eingebildet, aber für mich hattest du einen leichten rosa Schimmer auf deinen blassen Bäckchen.“

Ich atmete tief durch und blickte schweigend vor mich hin. Eine Zeit lang blieb meine Frau noch neben mir sitzen. Dann ging sie, ohne etwas zu sagen, in die Küche. Ich genoss es lange, unsere Enkelin neben mir ruhig schlafen zu hören und zu spüren. Da drang aus der Küche der Duft von in Butter gedünsteten Karotten zu uns.

Bild: Engel nach einem Motiv von Andreas Felger   *Birgit Heymann*

Ruth Finckh
Steinduft

Regen auf trockene Erde:
Ein weicher Atem steigt auf
der mich restlos umhüllt und erfüllt.
Petrichor, steinerner Duft: Aerosole
aus Geosmin und natürlichen Ölen, siehe
Bear/Thomas in *Nature*
of Argillaceous Odour.
Es heißt
der Zyklus von Kängurus wird
gesteuert vom Petrichor.

Was
macht der Atem der Erde mit mir?

Jonas Richter
Gegengruß

Der Schlüssel knackt im Schloss
Licht fällt durch den Spalt
die Pforte öffnet sich, ein Hauch
weht ins Gesicht
und dann schüttet es
stürzt strömt gießt
im freien Fall
bis
es auf die Erde prallt
und die Steine, durstig, grüßen
diesen Regenguss mit Duft
Schnuppernd steht er an der Pforte
ein bisschen länger noch
den Gruß genießen

12

Hansi Sondermann

Tavolo grande Ticino

Großes „Salute, Ciao, Buona sera, Benvenuto", als Matteo Turrini, seine Schürze locker um die Hüfte, vor dem Eingang seines Grotto steht und unsere Theatertruppe lachend begrüßt. Das *Grotto Giovanna,* eins der größten Grotti im Valle Maggia, ist für Liebhaber der Tessiner Küche – also auch für uns – ein Geheimtipp.

An warmen Herbstabenden laden Matteo und seine Frau Giulia zur *Großen Tessiner Tafel* ein, mit deren Fülle und Vielfalt sie die Zungen und Gaumen ihrer Gäste sozusagen überwältigen. Wir, seit dem Morgenessen nüchtern, sind deshalb auch entsprechend überwältigungsgierig. Matteos Motto für den Abend: *Prenditi il tuo tempo... goditi tutto in pace e in abbondanza... e con tutti i tuosi sensi!* Wobei jeder Gast beim Essen die Finger benutzen darf. Wer jedoch Fingerfood sagt, fliegt von der Tafel. Erklärt Matteo. Ernsthaft.

Mit diesem – für die Turrinis typisch – opulenten Mahl feiern wir die Erstaufführung unseres szenischen Oratoriums *Das Fest der Sinne,* die am frühen Abend im *Teatro Sociale* wie auch auf der Piazza Governo in Bellinzona stattfand.

Eine dramatisch-musikalische, farblichterfüllte Collage aus Schauspiel, Pantomime, Tanz, Zauberspiel, Musik und Gesang, mit Kammerorchester und Jazzcombo; ein Theater-Experiment, in dem die gesamte Spannweite von der antiken Tragödie bis zur grellen Komik mit allen szenischen Mitteln ausgeschritten wird.

Wir sind kurz nach dem Premierenende mit dem Bus hierhergefahren. Um den Beginn des Mahles nicht zu verzögern, haben alle Darsteller ihre Kostüme nicht abgelegt; andere Gäste tragen Dirndl – Typ *Aschenbrödel, Salome, Leonie,* die Männer

13

Leinenhemden mit Weste und Kniebundhose. Mit diesen farbfrohen Bekleidungen erhält die *Tafel* eine bühnenreife festliche Note; mitbewirkt vom Lichtspiel der farbigen Lampions, und der Stabfackeln, die ein lebendiges Licht erzeugen, wie auch durch die zahlreichen Solarlampen, die das tagsüber eingesogene Sonnenlicht in den Abend gießen. Die Tische auf der Terrasse wurden zum Karree zusammengerückt, was die Gespräche erleichtern soll und die Gesänge anregen wird. Nahe der Terrasse gibt es ein Rondell aus Eichenholzbohlen, das am Abend sicher noch zum Spielplatz für unsere darstellungsgeilen Komödianten werden wird.

Die Turrinis haben für die *Tafel* junge Leute aus dem Tal angeheuert, die als *Paggio* oder *Pagina femminile,* wie Giulia sie zärtlich nennt, neben Anno, dem Küchenchef, an den Grilltischen und am Büffet tätig sind und den Gästen Speisen und Getränke bringen.

Als *Introduzione* gibt es *Ratafià*, den berühmten Tessiner Nussschnaps, dessen Aroma mit dem knoblauchgesättigten Conigli-Geruch verschmolzen ist, der uns von den Grilltischen und aus der Küche anweht, unsere Nasenwände streichelt und uns das Wasser im Mund zusammenlaufen lässt. „Carlo! Der Ratafià ist kein Hauptgetränk!" Unser Bassbariton spielt auch außerhalb der Bühne gern den „Falstaff."

Den Mittelpunkt der *Tafel* bildet ein Ensemble lokaler Kaninchen vom Bratspieß und aus der Pfanne. Matteo führt unser Blicke – seine Hände dabei wie ein Dirigent – über das üppige Feld der Tafel, wobei er die diversen Zubereitungsarten der Conigli nennt:

Coniglio su un bastone, Coniglio arrosto, Coniglio alle olive Tagliata, Coniglio allo spiedo, Coniglio in umido. Am Grilltisch brutzeln bereits mehrere spießdurchbohrte Conigli.

Auf dem Hauptbüffet und den Nebentischen – auch hier spielt Matteo den Cicerone – *Zucchero a velo, Cicitt,* gefülltes Fladenbrot, eine Platte mit Speckbohnen und Brokkoli, Siedfleisch mit

Bergkräutern, daneben auch Seeforelle in Butter-Salbei-Soße, gebratener Seesaibling mit Bergkartoffeln und Crostini. Als Antipasti *Salsiccia con insalata di patate, Piatto ticinese di Valle Maggia, Bruschetta con Lardo, Carpaccio filetto di manzo, Salametto, Prosciutto crudo, Bresaola, Büscion* und gegrillter *Zincarlin,* wie auch Tessiner Alpkäse und Kürbis-Bohnen-Käse-Salat.

Dazu der farbige Teppich der Beilagen und kalten Speisen: *Torta di pane, Malfatti, Insalata di salsiccia della Valle Maggia, Carne secca, Affetato Misto Ticinese, Bresaola-Schinken, Luganiga, Cotechino, Arosto freddo con Rösti, Formaggio misto Montagnolo di capra in olio d'oliva,* Gorgonzola, Paprika, Melonen, Orangen und Feigen.

In Wellblechwannen Getränkeflaschen, vor allem Wein – Merlot del Ticino: *Rossa Reserva Sasso Chierico, Sinfonia,* und *Bianchino,* ein weißer Merlot. Auch Birra Gottardo und Birra Appenzeller stehen bereit.

Zur *Großen Tafel* erklärt Giulia, dass die Tessiner Küche lombardisch geprägt sei, unverfälschte Naturprodukte verwende, ihre Gewürzgeheimnisse streng bewahre, aber auch altüberlieferte Rezepte durch neue Variationen bereichere.

„*Vedere... ascoltare... annusare... gustare... sentire!*" – unser Wahlspruch... unser Programm!

Gino, einer unserer begabtesten Musiker, hat sich bereits mit Traversflöte und Laute auf ein Weinfass gesetzt und singt Neidharts *Ez verlôs ein ritter sîne scheide...*und andere Minnesongs, auch Lieder der Renaissance, wie *Mille Regretz* von Josquin Desprez; womit er eine dezente Tafelmusik erzeugt, die von der Tischgesellschaft – ihr Applaus lässt es hören – als angenehme Umkränzung des Mahles empfunden wird.

Nachdem ich einige der wohlschmeckenden Vorspeisen genossen habe, bestelle ich *Coniglio in umido,* den bekannten beliebten Kaninchenpfeffer, der von der Küche aus serviert wird. Meine Zunge und mein Gaumen sind entzückt von der Zartheit des Fleisches, die – wie Giulia ebenfalls erklärt hat – dadurch entsteht, dass man das in nicht zu große Stücke geschnittene Kaninchen, gewaschen und gut abgetrocknet, in einem Römertopf mit gewürfeltem Gemüse, mit Gewürzen und Wein bedeckt; wo es drei Tage zum Marinieren bleibt. So schmecke ich deutlich Wachholderbeeren, Thymian, Majoran und Rosmarin heraus, mit denen das Kaninchen gewürzt worden ist; so wie ich durch meine olfaktorischen Sinnesorgane die Efeu-Note aus dem rubinroten Merlot *Sinfonia* herausrieche.

Diese Weine, in kleinen Eichenfässern gelagert, trinken wir, wie im Tessin üblich, aus dem Boccalino; ein farbiger glasierter Minitonkrug. Für einen Ungeübten wie Oskar ein Fiasko, als er versucht, aus dem kleinen Gefäß einen großen Schluck zu trinken, der dann auch auf seinem Leinenhemd landet.

Plötzlich springt Arya, die Zauberin aus Flämisch-Brabant, den schwarzen Mantel flügelartig ausgebreitet, auf die Plattform, um uns mit ihrer Kleinkunstmagie in Bann zu ziehen. Als Höhepunkt ihres Auftritts zieht sie, wie könnte es anders sein, ein quicklebendiges Kaninchen aus ihrem Umhang; selbstverständlich ein weißes. Auf der Piazza Governo hat sie, als Gegenstück zur „zersägten Jungfrau", unseren Gino halbiert und wieder ganz gemacht; zum großen Amüsement des weiblichen Publikums.

Oskar, Eusebius und Olimpia können es nicht lassen, unsere Erstaufführung auseinanderzunehmen, Details zu zerpflücken, zu kritisieren, was nicht gut gelaufen sei oder was anders gemacht werden müsse. Grundsätzlich haben wir vereinbart, dass dieser Abend ein pures Vergnügen sein soll; ohne ein Wort über unsere Premiere. Deshalb von mir: „Eure Kritik ist im Moment total unangemessen... Tu disturbi la nostra gioia!" Gottlob hören sie schnell auf meine Mahnung.

Darauf legen Bella und Nicolo, unsere Solotänzer, eine ihrer kunstvoll-vitalen Nummern aus unserer Collage aufs Parkett. Offenbar davon angeregt erfreuen uns Daniele und Violetta, unsere Opernsänger, mit *La ci darem la mano* aus Mozarts *Don Giovanni* und *Che gelida manina* aus *La Bohème* von Puccini; wonach Violetta die bekannte *Habanera* aus der Oper *Carmen* folgen lässt – stimmlich und gestisch brillant. Titus, unserem Pianisten, gelingt es, den Gesang auf seinem Keyboard mit orchestraler Fülle zu begleiten. „Bravissimo, Violetta, Daniele, Tito!" Das klassisch Kunstvolle, jetzt wieder von der Lautstärke an den Tischen überdeckt, wird schnell vom Jazz unserer Combo ersetzt, mit Dana, die neben Jazz-Nummern wie *The Man I Love* einige Songs aus bekannten Musicals darbietet. „Presente di Dio!" rufe ich ihr zu.

Und immer wieder fliegen Arme und Hände hoch. „Hey cameriere!" „Hallo, hierher!" Die jungen Leute, keineswegs devot, lassen sich von diesen unartigen Zurufen nicht zur Eile treiben. „Hai tempo, vero?" oder auch „Tutto arriva per chi sa aspettare!"

Den heißbraunen Schenkel eines *Coniglio allo spiedo* in der Hand halten, die krosse Haut lecken, ins fetttriefende Fleisch beißen, den Bratensaft aus den Mundwinkeln laufen lassen – das alles hat für mich etwas Atavistisches; es ist ein urvitaler Kontrapunkt zu unserem überzivilisierten Essgehabe. Dazu das Streicheln einer bauchrunden Melone, das Liebkosen des Halses einer Spätburgunderflasche, nicht zuletzt der hauchzarte Kuss auf Danas entblößte Schulter, die sie mir, für unsere Jazz-Lady typisch, offensiv zuneigt. Erfahrungen, die meinen Tastsinn elektrisieren.

Der sehr deutlich hörbare Genuss des Merlot del Ticino, des *Ratafià*, des Grappa, der diversen Biere und anderer Getränke, ist der Impulsgeber der Sangeslust. So ertönen aus der sinnengesättigten

Runde trotz des Vortrags-Verbotes, mehrere Songs aus unserem Oratorium:

Celebriamo la vita!... Godiamoci la vita e il mondo ...con tutti I nostri sensi.

Zur *Tessiner Tafel* und ihrem rustikalen Ambiente gehören das Knistern des Grillfeuers, der nussähnliche Geschmack der am inneren Kamin gerösteten Maronen, die von Matteo, für die meisten ungewöhnlich, als Nachgang zum Enthäuten und Essen angeboten werden. Wozu es eisgekühlten Grappa gibt, dessen Geschmack, wie Matteo erklärt, auf die Lagerung im Kirschholzfass zurückzuführen ist.

Das genüssliche Maronenenthäutungsritual und der erhöhte Alkoholpegel heben die Stimmung auf ein beachtliches Niveau, was Jean-Pierre, unseren Pantomimen aus dem Languedoc, zu einem Intermezzo reizt. „Brindo a voi e a me stesso, Pierre!", rufe ich ihm zu. „À ta santé vieux tronce!" ruft er zurück und zeigt uns seine neuen gestischen Kunstfiguren, wobei Gino sich als phonetisches Supertalent erweist. Jede Geste, Gebärde und Bewegung Jean-Pierres wird von ihm lautmalerisch sekundengenau ergänzt; wodurch das Intermezzo zu einer spielerischen Einheit wird. Der Applaus wird, alkoholisch verstärkt, zum akustischen Sturmwind.

Zu den Maronen hat Matteo eine Schüssel mit Feigen herumgereicht, die wir, im Tessin üblich, zu den gerösteten Kastanien essen sollen; wobei er darauf hinweist, dass diese mittelreifen Früchte eine darmaktivierende Wirkung haben; was jedoch aufgrund der guten sanitären Einrichtungen des Hauses kein Problem sei. Ich empfinde den Feigengeschmack ebenso mild-süß wie aromatisch herb. Wobei ich hoffe, dass Matteos Voraussage bei mir nicht Realität wird.

Giovanni Cola, eine Zentralfigur unserer Collage, springt, offenbar durch Jean-Pierres und Ginos Auftritt animiert, auf das

Rondell und legt unvermittelt los. *Faust I*. Prolog. Auf Deutsch. Und das im Rap! *Da du… o Herr… dich einmal wieder nahst… und fragst… wie alles… sich bei uns befinde…*

Dieser literatur-ironische Gag ist für uns neu; umso mehr sind wir begeistert. Darauf ein wiederholtes: „Bravissimo, Giovanni!" Und ein weinglasschwenkendes „Alla tua salute!" von ihm und von mir.

Das opulente Mahl wird abgeschlossen von köstlichen Desserts, die Giulia persönlich zur Tafel bringt: *Tiramisu della Casa*, Birnenbrot-Trüffel, Hirsewaffeln mit warmen Beeren.

Matteo und Giulia haben zwar keinen Endpunkt der Tafel gesetzt; trotzdem ist den meisten von uns allersinnensatt nach einem harmonischen *Fine*. Deshalb bedanken wir uns für diese *Große Tessiner Tafel* mit landestypischen Liedern.

Vieni sulla barchetta… Cante Ticino… Bionda, bella Bionda beenden diesen äußerst genussvollen und in jeder Hinsicht beglückenden Abend.

„Ciao!… Buona sera… Arrivederci!… Addio… Buona notte… Arrivederla!"

Hansi Sondermann
Tavolo grande Ticino – Große Tessiner Tafel
Übersetzungen für diejenigen, die es brauchen oder wollen

Grotto
(Rustikale Weinschenke im Schweizer Kanton Tessin –überwiegend im Freien, mit regionaler Küche)
Valle Maggia
(Das größte Alpental im Schweizer Kanton Tessin – nach dem Fluss Maggia)
Prenditi il tuo tempo...
goditi tutto in pace e in abbondenza...
e con tutti i tuosi sensi!
(Nimm dir Zeit... genieße alles in Ruhe (Frieden) und Fülle... und mit allen Sinnen!)
Paggio oder *Pagina/ Pagina femminile*
 – männlicher/ weiblicher Page

Introduzione – Einleitung/Vorspiel etc.
Kaninchen:
Coniglio su un bastone, Coniglio arrosto,
Coniglio alle olive Tagliata,
Coniglio allo spiedo, Coniglio in umido,
(Kaninchen am Stiel... gebraten... Mit geschnittenen Oliven... am Spieß... geschmort...

Zucchero a velo (Zuckerschoten),
Cicitt (gebratene Ziegenwürste),
Vorspeisen:
Salsiccia con Insalata di patate
(Wurst mit Kartoffelsalat)
Piatto ticinese Valle Maggia
(Wurstplatte mit Tessiner Grillwurst aus dem Valle Maggia)
Bruschetta con Lardo

(geröstetes Brot mit Speck und Kräutern),
Carpaccio filetto di manzo
(hauchdünn geschnittenes Rinderfilet)
Salametto (kleine Salami)
Prosciutto crudo (roher Schinken)
Bresaola (luftgetrockneter Rinderschinken)
Büscion (Tessiner Ziegenalmkäse)
Zincarlin (Rohmilchkäse – aus dem Valle Muggio)

Torta di pane (Tessiner Brotkuchen)
Malfatti (Ricotta-Käse-Spinat Nocken)
Insalata di salsiccia della Valle Maggia
(Wurstsalat aus dem Valle *Maggia*)
Carne secca (trockenes Fleisch),
Affettato Misto Ticinese
(gemischter Tessiner Aufschnitt),
Bresaola-Schinken (Bündner Fleisch),
Luganiga (Wurst aus der Lombardei),
Cotechino (Rohwurst aus Schweinefleisch*)*
Arosto freddo (kalter Braten)
Gorgonzola (bekannt)
Formaggio misto Montagnolo/
di capra in olio d´oliva
(Blauschimmel / Ziegenkäse in Olivenöl)

Vedere... ascoltare... annusare...
gustare... sentire!
(Sehen, Hören, Riechen, Schmecken, Fühlen.)
Ez verlôs ein ritter sîne scheide...
(Einst verlor ein Ritter seine Scheide...)
Mille Regretz
(tausend Bedauern)

„tu disturbi la nostra gioia!"
(Ihr stört unsere Freude!)

La ci darem la mano
(„Reich mir die Hand, mein Leben!")
Che gelida manina
(Wie eiskalt ist dies Händchen...)
Presente di Dio
(Geschenk Gottes – der Name Dana)
Hai tempo, vero?
(Sie haben Zeit, oder?)
Tutto arriva per chi sa aspettare
(Alles bekommt, wer warten kann)
Celebriamo la vita!...
Godiamoci la vita e il mondo...
con tutti I nostri sensi.
(Feiern wir das Leben ...
Lasst uns das Leben und die Welt genießen
mit all unseren Sinnen)
„Brindo a voi e a me stesso, Pierre!"
(Ich trinke auf dich und auf mich, Pierre!)
„À ta santé vieux tronce!"
(Auf dein Wohl, alter Freund!)
„Alla tua salute!"
(Prost/Zum Wohl/auf deine Gesundheit)
Tiramisu della Casa (hausgemachtes Tiramisu)

Vieni sulla barchetta... Cante Ticino/ Ticinella...
und Bionda, bella Bionda
(Komm aufs kleine Boot... Schweizer Exil-Lieder
Blonde, schöne Blonde)

Ruth Finckh

Aprilabend auf dem Balkon

Glattes Holz unter den Zehen,
kühlfeuchtendes Moos.
Leuchtendes
Grün in den Birken,
Zwitscherphonie im Geäst.
Ein Rest
von Winter
sacht
in der Luft.
Die Nacht
holt ins Kalte zurück,
was der Tag
zu halten versucht
durch Wärme und Duft.

Doch während das Licht
Zug um Zug
im kahlen Kirschbaum verschwimmt,
atmet der Mai sich heran.

Karolin Grabe

Erlebnisse einer Aldikundin

Also… ich war, wie so oft, bei Aldi einkaufen und stand in der Gemüseabteilung. Ich betastete gerade eine Aubergine (Angebotsware!), um sie hinsichtlich ihrer Reife zu untersuchen, als sich unsere Blicke zufällig begegneten.

Seine Augen leuchteten so blau wie das Aldi-Logo und er hatte den wachen Blick eines pfiffigen Zahlenakrobaten, der seine Finanzen im Griff hatte – und ab diesem Moment auch meine Hormone. Wie hypnotisiert folgte ich ihm auf wackligen Beinen zur Kühltheke. Er ging den aufrechten Gang eines Bürgers, der nicht geizig, sondern sparsam lebt. Der kleine Opfer erbringt, um große Ziele zu erreichen. Und ja, was soll ich sagen – er war so süß und knackig wie das Knuspermüsli „Schoko" von *Gletscherkrone* und cooler als das tiefgefrorene *Golden Seafood*-Schlemmerfilet, das er in diesem Moment in seine Kühltasche lud.

Ein unauffälliger Blick in seinen Einkaufswagen bestätigte, was ich längst schon in meinem Herzen fühlte: Da waren nichts als preiswerte Eigenmarken. Er – eine verwandte Seele, wir beide: geboren im Sternzeichen Sparfuchs. Und ich sah uns: unter einem Baldachin aus AldITüten heiraten. Unsere kleinen Aldikunden. Uns beide, alt und grau vor einem Kamin sitzend, während wir Aldi-Kassenbons in unser Haushaltsbuch einkleben.

Am liebsten wollte ich mich in seinen Einkaufswagen setzen. *Kauf mich.*

Jäh holte mich die Realität wieder ein. Was, wenn ich kein guter Deal war? Ich wusste, dass ich den Mann, den ich bis jetzt nur angestarrt hatte, nie ansprechen könnte – dafür war ich zu feige. Er war zu einschüchternd; und ich zu unscheinbar, und darum würde unsere Geschichte an diesem Punkt enden. Der Gedanke schnürte mir die Kehle zu. Warum war ich bloß so?

Aufgelöst flüchtete ich mich zur Tiernahrung, wo es ruhiger war und ich mir unbeobachtet die Augen mit Aldi-Taschentüchern trockentupfen konnte. *Solo Talent* hieß die Marke; und solo würde ich wohl immer bleiben. Bittere Ironie – oder am Ende gar ein Zeichen, ein Zeichen von Aldi? Ich entschloss mich, ihn zu vergessen. Ich brauchte niemanden, niemanden außer Aldi, dachte ich trotzig. Heftiger als nötig beförderte ich das Katzenfutter, dessen Verpackungsaufschrift ich bis jetzt angestrengt studiert hatte, wieder an seinen Regalplatz und zog meiner Wege.

Von *ihm* war im ganzen Laden weit und breit keine Spur. Sehr gut, dachte ich erleichtert. Okay, die Wahrheit war: ich war enttäuscht. Ich bereute, ihn nicht angesprochen zu haben, und wäre er jetzt noch hier gewesen – ich hätte es sicher getan. Zumindest wollte ich das glauben. Seufzend reihte ich mich in die Schlange vor der Kasse ein. Es hätte mir eigentlich schon früher auffallen müssen, aber der Typ vor mir hatte dergestalt glänzend-fluffiges Haar, dass es nur das Ergebnis religiöser Anwendung von *Biocura* Family Kräutershampoo sein konnte. Wie der Blitz durchfuhr es mich: Das war *er*, mein Sparfuchs, mein Schlemmerfilet. O mein Gott.

Sag etwas, jetzt, befahl ich mir, aber natürlich brachte ich kein Wort heraus. Er war ohnehin gerade beschäftigt damit, seinen Einkauf auf das Kassenband zu legen.

Und *wie* er es tat.

Er legte die Waren aufs Band mit dem souveränen Lächeln eines Mannes, der gute Qualität zum kleinen Preis kaufen wird – zum *Aldi-Preis*. Meine Knie wurden weich bei dem Gedanken. Das war mehr, als ich ertragen konnte. Es sollte verboten gehören, so attraktiv zu sein, dachte ich, während ich mich mit weiß hervortretenden Knöcheln an meinem Einkaufswagen festklammerte, um Fassung ringend. Er war so *nah*, und er roch nach Aldi. Ich wollte ihm auf der Stelle die Kleider vom Leib reißen. Mein Herz pochte so laut, ich fürchtete, alle könnten es hören. Ich versuchte meinen Blick abzuwenden, mich irgendwie abzulenken, nicht in die Richtung der Fleisch gewordenen Perfektion zu schauen – doch ich konnte mir nicht helfen. Aus den Augenwinkeln beobachtete ich, wie er mit einer einzigen geschmeidigen Bewegung den Warentrenner auf dem Band platzierte – so, als hätte er das schon öfter gemacht. In stummer Bewunderung schmolz ich dahin. Mein Held.

Mit Genugtuung stellte ich fest, wie respektvoll er die Kassiererin behandelte (welche wie immer kompetent, höflich und nicht zuletzt zackig-schnell ihren Job verrichtete). *Beziehungsmaterial* stand ihm in diesem Moment in roten Lettern auf der Stirn.

Ich hätte fast vergessen, meinen eigenen Einkauf zu bezahlen – zu gebannt war ich vom Spiel seiner Muskeln, als er seinen Einkauf aufnahm – zwei Aldi-Tüten in jeder Hand. Überhaupt, seine Hände. Uff. Ich durfte nicht darüber nachdenken, was diese Hände alles können: Wie er mit diesen starken, warmen Männerhänden den Aldi-Prospekt umblättert. Wie diese perfekt geformten Finger einen Stift halten und mit größter Präzision die besten Angebote markieren.

In diesem Moment schlossen sich die Automatiktüren des Aldimarkts hinter ihm (und seinen Händen). Ich würde ihn nie wiedersehen. *Chance vertan.* Bedrückt starrte ich auf die hellgelben Bodenfliesen des Geschäfts, als ich eine vage Bewegung vernahm – er war zurückgekommen und ließ seinen Blick durch den Raum schweifen, als hätte er etwas vergessen. Sein Blick war suchend – bis er meinen fand. Ich lief Gefahr, mich in seinen intensiven Aldi-Augen zu verlieren. Augen, die immer näher kamen. Plötzlich stand er vor mir. Ich biss mir nervös auf die Unterlippe. Mein Herz hämmerte gegen meine Brust. Er öffnete seinen perfekten Mund, um etwas zu sagen.

„Qualität ganz oben, Preis ganz unten", flüsterte er mit rauer Stimme in meine Seele. Da konnte ich nicht anders. Als meine Lippen auf seine trafen, diese Explosion der Leidenschaft, die Verschmelzung zweier Herzen, in Liebesglut entbrannt – da war ich so unfassbar froh, dass ich erst vor wenigen Minuten einige *Mint-Fresh* Atemfrische Minzdragees eingeworfen hatte (80 Stück zum Aldipreis von 0,59€)!

Die Umstehenden johlten. Alle klatschten, einige weinten. Die Filialleitung gab zur Feier des Tages allen Kunden *Winzerschoppen* Rotwein aus dem Tetrapack aus.

Bild: Leidenschaft   *Samira Belmonte*

Ruth Finckh

Winteraugen

Meine Augen sind hungrig sie
fressen die weiße
wintrige Welt das Gepluster
schaumbeladener Bäume die Fläche
fleckloser Wiesen unter
dem stählernen Dach des Himmels
doch
die Gier nach satter
rotgelbgrünleuchtender
Farbe bleibt

Bild: Dieter Utermöhlen

Gernot Sander
Wüstendüfte

Im Jahr 1982 war ich bei meiner Schwester Hildegard in Albuquerque zu Besuch. Albuquerque, etwa 1500 m über dem Meer gelegen, ist die größte Stadt in New Mexiko. Sie liegt im Tal des Rio Grande und wird ostwärts überragt vom etwa 3000 m hohen Sandia Peak, zu dem eine Seilbahn hinaufführt.

Hildegard wohnte in einem Trailer mit Blick auf den Sandia Peak. Eines sonnigen Morgens packte mich plötzlich beim Anblick des Gipfels die Lust, ihn zu Fuß zu erklimmen. In der klaren Morgenluft sah er zum Greifen nah aus, ich war damals als aktiver Waldläufer körperlich fit und traute es mir in diesem Augenblick zu. Meine Schwester war arbeiten gegangen, sonst hätte sie mich sicher gewarnt und mich vielleicht von meinem Vorhaben abgebracht. So aber machte ich mich auf den Weg. Duchess, die Schäferhündin meiner Schwester folgte mir ohne Aufforderung und wich auf der gesamten Expedition nicht von meiner Seite.

Bergauf folgte ich gebahnten Pfaden und war anfangs auch zuversichtlich, es schaffen zu können. Aber dann stieg die Sonne immer höher und fing an, mir beschwerlich zu werden. Dennoch ging ich bis zum frühen Nachmittag immer weiter, bis mir urplötzlich klar wurde, dass der Weg zum Gipfel unmöglich zu schaffen war. Als ich mich umdrehte, merkte ich erst, wie weit ich gekommen war und dass ich den Rückweg abkürzen musste, wenn ich bis zum Abend zuhause sein wollte.

Von oben sah es aus, als müsse es ein leichtes sein, durch das schüttere halbvertrocknete Gebüsch, das sich den Hang hinab zog, den direkten Weg zu nehmen. Die Sache entpuppte sich aber mit zunehmender Zeit als immer schwieriger. Aus der Nähe waren die trockenen Bachläufe tiefer als vermutet und endeten oft an einer unüberwindlichen Steilwand oder einem Absturz. Irgendwann begriff ich, dass man auf fremdem Terrain immer den Höhen und nicht den Tälern folgen muss, eine seither fest in meinem Bewusstsein verankerte Wanderweisheit.

Also weiter immer oberhalb der Einschnitte. Die Sonne brannte unbarmherzig, meine Trinkflasche war leer und ich torkelte das eine und andere Mal vor Erschöpfung, war mir aber immer der Gegenwart des Hundes gewiss und fühlte mich dadurch ein wenig geborgen.

Auf dem Kamm oberhalb eines ausgetrockneten Baches war ich in plötzlich in einer anderen Welt. Ich musste mich durch stacheliges Gebüsch kämpfen, aber das war schnell vergessen: Bei Berührung stiegen immer neue unbekannte Gerüche aus den mir fremden Büschen auf, entfernt erinnernd an Fichtennadeln oder Ginster, aber vom Charakter eher mediterran: Ich fühlte mich nach Südfrankreich versetzt. Jeder Duft äußerst intensiv und auch im Gemisch mit anderen unverwechselbar anders. Ich verfiel in eine verträumte Stimmung, weit weg von der Gegenwart. Die von den Stacheln zerkratzten und zerstochenen Beine, alle Erschöpfung waren vergessen. Das ging lange so und hielt mich aufrecht, denn die belebende Wirkung hielt lange an. Und vielleicht habe ich nur deswegen durchgehalten.

Ermüdung, Austrocknung, Sonnenbrand und wohl auch ein Sonnenstich waren auf die Dauer aber doch stärker, und irgendwann wollte ich nur noch ankommen. Da war wieder der Duchess ein großer Trost und eine Hilfe, und ich schaffte es nach Einbruch der Dunkelheit und am Ende meiner Kräfte nach Hause, wo Hildegard schon in heller Aufregung war.

Duchess hatte den langen Marsch ohne Wasser so gut überstanden und ich war mit mir selbst so beschäftigt, dass ich das in dem Augenblick für selbstverständlich hielt. Heute bin ich ihr dankbar.

Im Nachhinein kommt mir mein Unterfangen verwegen vor und ich habe so etwas bei klarem Verstand nie wieder versucht, aber dennoch bleiben die Wüstendüfte eine unauslöschliche Erinnerung, die ich nicht missen möchte.

Bild: Phönix   *Gaba Weis*

Alexandra Grupe
Im siebten Himmel

Wolkenweiche Lippen
sonnensanfter Kuss
rosig-süßer Pfirsichduft.
Wir schweben auf
Wimpernflügelschlägen
gehüllt in federleichte Decken.
Zeit und Raum bedeutungslos
alles schimmert, alles glänzt
in unserer zarten Seifenblase.
Du wisperst kaum hörbar
ganz atemlos
dass du mich liebst –

Lass mich nicht los.

Bild: Friedlich　　　　　　　*Samira Belmonte*

Samira Belmonte

Süßer Verfall

Als ich noch ein Kind war, sind wir in den Sommerferien häufig mit einer eng befreundeten Familie in ihr Ferienhaus in Spanien gereist. Drei Erwachsene, vier Kinder und ein Golden Retriever.

Wie viel es zu erzählen gäbe! Das verschlafene Dorf mit den schmalen Gassen, Olivenbäume, Pfirsiche so groß wie eine Männerfaust und seltsame, erbsenschotengleiche behülste Früchte oder Samen, die von Bäumen hängen und den Mund beim Hineinbeißen betäuben, aus denen anscheinend Alkohol gebrannt wird – wenn ich mich denn recht erinnere. Kakteen, die im Dunkeln auf unbedachte Kinder warten, um sie mit Nadeln zu übersähen und so vieles mehr.

Doch worauf ich heute hinaus will, ist ein Vorfall, der sich auf einer Rückreise ereignet und sich mir bis heute in die Nasenschleimhäute eingebrannt hat. Ich durfte mit meiner besten Freundin, ihrem kleinen Bruder, ihrer Mutter und dem Familienhund Max im Auto zurück nach Deutschland reisen, statt mit meiner Mutter und meinem Bruder zu fahren. Es war Tradition, die Rückreise in zwei Etappen anzutreten, zunächst von Spanien aus nach Lyon, um dort im Hotel zu übernachten, und dann von dort zurück nach Hamburg zu fahren.

An die Fahrt nach Lyon kann ich mich kaum erinnern, dafür jedoch umso mehr an die Fahrt von Lyon nach Hamburg. Wir standen auf, scheiterten dann kläglich beim Versuch, kalte Milch auf Französisch zu bestellen, und machten uns bereit, bis die Mutter mit dem Hund vom Spaziergang kam.

Das Erste, woran ich mich erinnere, war, dass sie etwas länger brauchte, als geplant. Als sie dann mit dem Hund zurückkam, sahen wir gleich, dass etwas nicht stimmte. Ihr Blick war frustriert, gar angeekelt, während Max mit der zufriedenen Leichtigkeit eines Hundes nach der Verrichtung seiner Notdurft glücklich neben ihr hertrabte, sein Fell schmutzig, mit etwas, das wir zunächst für Schlamm hielten, sich jedoch als etwas gänzlich anderes entpuppte.

Max rannte auf uns zu, die Mutter rief etwas, das wir kaum wahrnahmen, und als der Hund näherkam, brachte er einen süßlichen Geruch mit, erst ganz schwach, schließlich immer stärker, bis der Geruch sich in Gestank verwandelte und uns nicht nur die Tränen in die Augen trieb, sondern uns auch ein unbeherrschbares Würgen in die Kehlen setzte.

Max, liebenswerter Strolch, der er war, hatte bei dem Spaziergang die Zeit seines Lebens, war ausgebüchst und ferngeblieben, bis die Mutter anfangen musste ihn zu suchen und denn auch schließlich fand, wie er sich freudig im Kadaver eines verendeten Schafes wälzte.

Die Laune war natürlich dahin, zumindest bei uns Menschen. Max, so glaubten wir, freute sich ungemein über sein gar fesches Parfüm und die Reste von Körperflüssigkeiten, die ihm noch im Fell klebten.

Die Mutter suchte nach einem Schlauch, einem Eimer, irgendetwas, das sie mit Wasser füllen und über den Hund schütten konnte, irgendwann wurde sie unter Würgen fündig. Weil wir noch nicht genug Pech hatten, hatten wir, um dem Hund genügend Platz im Kofferraum bieten zu können, nur das Wichtigste für die Übernachtung im Hotel mitgenommen und uns mit dem Duschgel und den Shampoo-Proben im Hotelzimmer begnügt und ärgerten uns darüber, dass wir die Fläschchen dieses Mal eben nicht eiskalt eingesackt hatten.

Wir spülten den Hund also mit Wasser und nichts als Wasser ab, mussten dann resigniert feststellen, dass alles, was das brachte bloß war, dass zusätzlich zum süßen Gestank verwesenden Fleisches und sich zersetzender Innereien nun auch der Geruch von nassem Hund hinzukam, der uns in jenem Moment jedoch um so vieles angenehmer war als der Hauch von Tod, der über allem

hing. Max verstand nicht ganz, warum wir ihn nicht kuscheln woll-
ten und lief verwirrt zwischen uns herum, während wir ihn von
uns schickten.

Zu allem Überfluss war es noch immer Sommer und die Hitze
verteilte den Dunst des toten Schafes nur noch weiter. Zusätzlich
dazu war es so schwül an jenem Tag, dass die Luft stand und man
sie fast schneiden konnte, was unsere erste Begegnung mit dem
Tod noch einmal vertiefte.

Doch es half alles nichts, wir hatten schon aus dem Hotel aus-
gecheckt und in wenigen Tagen waren die Sommerferien vorüber,
also hatten wir keine Wahl, als weiter zu fahren.

Einen Hoffnungsschimmer bildete die riesige Literflasche von
Johnson & Johnsons Babyparfüm in der Duftrichtung Zitrone. Ein
Klassiker. Wir Kinder tränkten unsere Kissen und Stofftiere mit
dem Babyparfüm und stiegen ein, die Gesichter im feuchten Stoff
vergraben. Dann öffnete die Mutter den Kofferraum und wir Kin-
der konnten den Hund, der noch gar nicht ins Auto gesprungen
war, durch unsere parfümierten Stofftiere und Kissen bereits rie-
chen.

Max sprang in den Kofferraum und schob seine Nase zu uns
auf die Rückbank, weil er Liebe wollte. Wir ignorierten ihn, oder
vielmehr konnten wir ihn gar nicht beachten, weil wir zu sehr da-
mit beschäftigt waren, uns nicht zu übergeben. Dann stieg die
Mutter ein und wir mussten notgedrungen die Türen schließen,
öffneten jedoch alle Fenster. Es half nichts. Knallende Sonne, ste-
chende Luft, dunkles Auto und glücklich mit Mundgeruch vor sich
her hechelnder, nasser und in Tod gewälzter Hund dominierten
alles. Zu allem Überfluss hat Johnson & Johnsons Babyparfüm die
Angewohnheit, sich schnell wieder zu verflüchtigen, sich dabei
aber gleichzeitig mit anderen Düften zu vermischen und doch ir-
gendwie noch in der Luft zu hängen, ohne dass es die Macht hat,
diese Gerüche zu überlagern.

Nasser Hund, Mundstuhl, Eau de Cadavre und ein Hauch von etwas, das mal synthetische Zitrone war, gepaart mit alten, viel geliebten Stofftieren, deren eigentümlicher Duft ebenfalls seltsam mit dem Babyparfüm interagierte, bestimmten die nächsten und letzten elf Stunden unserer Rückreise.

Bei jedem Halt, bei jeder Pause wurde einer von uns zum Autodienst berufen, sollte also beim Auto bleiben, dessen Fenster, Türen und Kofferraum für die Dauer der Pause sperrangelweit geöffnet waren, während die Mutter tankte, Snacks besorgte und versuchte, den Hund mit den an der Tankstelle befindlichen Wasserkannen abzugießen. Ich glaube, sie hätte ihn am liebsten dreimal durch die Waschstraße geschickt.

Nun, mit dem Tod und seinem Duft ist es wirklich seltsam. Er ist süßlich und warm, zwar nicht mit dem Duft von Zimt vergleichbar, jedoch aber mit dessen Wirkung beim Einatmen. Es ist ein schwerer, alles dominierender Duft, der sich in der Nase festsetzt und sich säuregleich bis ins Kleinhirn frisst um sich dort einzunisten.

Der Geruch ist auf eine so außerordentliche Art organisch, so intensiv der Duft verlebten Lebens, ja so vollmundig, dass man glaubt, selber ins tote Schaf zu beißen, es zu schmecken. Versuche, sich die Nase zuzuhalten und durch den Mund zu atmen, scheiterten kläglich an dieser Tatsache. Gleichzeitig ruft der Duft etwas Primitives wach, eine Erinnerung vorgelebter Leben, eine Warnung, ein entschiedenes noli me tangere, zugleich einen Abschied, der nicht enden will. Ein Gefühl, das, wenn es nur nicht so intensiv wäre, vielleicht sogar angenehm sein könnte. Wirklich, es ist ein seltsamer Duft, Wärme kalten Fleisches, süßlicher Verfall, ein Gedenken des Lebens und ein Weitergehen, nicht mehr lebendig, doch lebhaft, einladend und in seinem Verfall lebensspendend rührt er an uns, in und durch uns, penetriert die Sinne, verklärt die Sicht und benebelt den Verstand.

Wie wir es geschafft haben, überhaupt anzukommen, weiß ich inzwischen gar nicht mehr, aber irgendwie mussten wir es geschafft haben. Der Gestank haftete eine gute Woche noch an Max, und selbst wenn ich heute die Augen schließe und daran denke, steigt mir wieder die Süße des Verfalls in die Nase und ich muss erneut würgen.

Frauke Twiehaus-Fischer

Aber ach, was ist das für ein Geruch

Neben den vielen wunderbaren Geruchserinnerungen aus der Kindheit, von Blüten und Erde, von Plätzchen im Backofen, von Bienenwachskerzen und Mutters Parfum gibt es auch Erinnerungen an heftig abstoßende Gerüche, die sich tief und unvergessen einprägten.

Es war im Haus des Nachbarn, der nebenberuflich eine kleine Landwirtschaft betrieb und ein genialer Heimwerker war. Seine beiden Töchter, Heide und Hille, waren meine liebsten Freundinnen und wir gingen zu dritt in die erste Klasse unserer Dorfschule. Bei uns zu Hause zu spielen, machte keinen Spaß, es war zu eng für unseren ausgeprägten Bewegungsdrang und so vieles war verboten. Bei Heide und Hille dagegen, deren Eltern ein ganzes Haus besaßen, gab es ausreichend Platz zum Toben, was wir mit großem Vergnügen nutzten.

An einem Nachmittag im Sommer, an dem die Eltern von Heide und Hille in die Stadt gefahren waren und wir wieder einmal das ganze Haus ausfüllten mit unseren lustvollen und lauten Versteckspielen, verlor Heide einen ihrer Ohrringe. Als sie den Verlust entdeckte, fingen wir sofort an, danach zu suchen. Wir suchten überall dort, wo wir gespielt oder uns versteckt hatten, aber ohne Erfolg. Dann weiteten wir die Suche auf das übrige Haus aus, teilten uns auf und ich übernahm den Keller. So öffnete ich auch die Tür zu einem Kellerraum im hinteren Teil des Hauses. Durch das kleine Fenster drang gerade so viel Licht, dass ich erkennen konnte, was an der Rückwand des Raumes stand: drei runde Metallfässer, so groß, dass sie mir bis zur Brust reichten. Sie hatten keinen Deckel, sondern in der Mitte eine kreisrunde Öffnung von der Größe eines Frühstückstellers, die mit einem Stopfen, ebenfalls aus Metall, verschlossen war. Vielleicht war der Ohrring ja in solch ein Fass gefallen, dachte ich. Eigentlich hielt ich das für ausgeschlossen, aber neugierig war ich auch. Was war wohl in diesen Fässern drin? Vorsichtig hob ich den Stopfen aus dem Verschlussloch eines der Fässer und beugte mich mit dem Gesicht dicht über die Öffnung: Mit roher Gewalt schlug mir brutal ein so scharfer, stechender Geruch ins Gesicht, dass ich wie der Blitz hochfuhr, mit angehaltenem Atem, fast blind vor Entsetzen aus dem Keller stürzte, zu sterben glaubte, aus dem Haus stolperte, atemlos über die Straße nach Hause lief. Ganz aufgelöst durch den unerwarteten Schock warf ich mich in die Arme meiner Mutter, weinte laut und hemmungslos und konnte gar nicht aufhören. Später, nachdem ich mich beruhigt hatte, gingen wir zu den Nachbarn. Der Vater hatte inzwischen das Metallfass wieder mit dem Stopfen verschlossen. Das Fass enthielt in Wasser gelösten Ammoniak und wurde für die Herstellung von Dünger für seine kleine Landwirtschaft gebraucht.

Der verlorene Ohrring fand sich in der Ecke einer Treppenstufe.

Bei allem unvergessenen Schrecken von damals habe ich mein Leben lang eine intensive Vorliebe für Salmiakpastillen behalten.

Manfred Kirchner

Vierter Vierteltakt

Vier Füße gleiten
leicht und sanft
über das Parkett
zum Spiel des Bandoneons

Vier Arme halten
und führen sich
mal eng umschlungen
mal offen lässig locker

Zwei Schultern lehnen
aneinander
mal links, mal rechts
im Takt vereint

Vier Augen schauen
freudig leuchtend
wollen stumm
harmonisch sich begehren

Vier Takte spielt
die Musik
vier schnelle Schritte
oder auch nur zwei

Dein Arm spannt sich
zieht mich zu dir
dein Fuß spricht
führt jetzt meinen Fuß

Wir schweben
drehen, kreuzen
auf unseren Füßen
vorwärts, rückwärts, federleicht

beim Tango Argentino

Birgit Heymann

Danz op de Deel

Anna harr nich mehr gahn kunnt un ehr Schoh uttrocken. Nu geiht se barfoot nahuus. Middernacht is al lang vörbi. Se föhlt de lütten pieksigen Möchte ünner ehr Footsohlen, de Handtasch bummelt över ehr rechte Schuller un in de anner Hand dregt se ehr Danzschoh. De Sünn geiht noch nich op, aber dat ward schon wedder `n beten hell. De ersten Vagels fangt an to twitschern.

,Nu sünd se verheirat, Hannes und Anneli. Dat is nu ehr Hochtiedsnacht', denkt Anna un grient.

Fief Kilometer sünd dat bit to ehr nahuus, aber de Tied würr ehr ni lang warrn. Wat weer dat schöön weest op de Hochtied! Endlich mal wedder Danz op de Deel in Wankendörp!

Anna geiht ehrn Weg mit all de bunten Biller in Kopp.

Güstern Namiddag weer dat vull in de lütte Dörpkarg! To'n Glück weer se rechttiedig dorwest un harr een Platz ergattert, wo se good vun kieken kunn.

Anneli weer ehr Fründin. Se harrn sik in de Utbildung för „Ländliche Hauswirtschaft" kennenlehrt un Anneli bekeem denn ehre erste Stee op den Hoff vun Hannes' Öllern. De Grootkopps weren rieke Buurn mit ordentlich Klei an 'e Fööt. Hannes, de öllst, weer `n staatschen Kerl un harr Oogen in Kupp. So harr't nich lang duurt, dat he sik in Anneli verkeek. Sien Öllern weren bannig froh över ehr, wiel se wat verstünn vun Huus un Hoff.

Dat ganze Dörp weer inne Kark kommen, sogoor Fiete Lüttjohann, de `n grootet Muul harr un jümmers veel Striet makt, mit sien muffige Fruu.

41

Anneli söh so fien ut in ehr wittet, langet Kleed mit Spitze ünnen an Suum un baven an Utschnitt. Se harr een schicken Struuß mit roote Roosen, de Gärtner Peters morgens noch frisch schneeden harr, vertell sien Fruu bien Bäcker.

As Anneli un Hannes „jo" seggt harrn tonanner un sik küssen deen, dor kömen een poor Tranen in Annas Oogen. Se freu sik för ehr Fründin, aber bi ehr sülvs harr noch keen anbitten. Doröver is se truurig.

Nameddags harr dat denn ordentlich Torte un Kooken geven in't Landgasthuus för all tosamen. De Lüüd harrn binnen un buten sitten bi schönsten Sünnenschien, lacht un schnackt.

Anna dregt een Kleed ut grönen fienen Seidentaft, dat se sülben neiht hett – nich ganz lang, aber 'n ganzet Stück övert Knee.

Abends anne lange Tafel geev dat denn Dischkorten un Jan weer ehr Dischherr. He schnackt nich veel un dat harr 'n beten duurt mit em, bit he updaut weer, aber denn harr he sik nett üm ehr kümmert un wull ehr eegens ok nahuus bringen.

Anna kunn dat wohl mal geneten, sik bedeenen to laten. Se arbeit in een Koopmannshushalt, hett veel in'e Köök to doon un mutt de Herrschaften Dag för Dag bedeenen. Spargelsupp, dat beste Fleesch vun Grootkopps Schwien un Köh un as Nadisch Rode Grütt mit Ies un ordentlich Schlagrahm. Weer dat een Festeeten!

Achteran geev dat denn Musik. Twee Lüüd mit Schipperklaveer, een mit Gitarr un een mit Brummbass. Bevör Jan Anna fragen kunn, stünn dor glieks Hein Dehn un schnapp sik Anna to'n Danzen.

Anna schüddelt sik.

Hein harr jede tweete Fruu in't Dörp al hatt un dach, he weer so'n schmucken Kerl, dat keen een to em „nä" seggen kunn.

Bi't Danzen harr he Anna so eng fastholen, dat ehr ganz blümerant tomoot worr. Se harr seggt, ehr weer 'n beten flau, güng na Toilett un tööf dor 'n ganze Tied af, bit se seker weer, dat Hein 'n anner Deern funnen harr.

Denn harr Jan mit ehr danzt un se harr sik wunnert, wo good he dat kunn, un föhl sik seker bi em.

As dat Bruutpoor sik al trüggtrocken harr, güng dat noch maal richtig af op de Fier. Nachts wiet na dree speelten de Musiker op to'n letzten Maal – den Schneewalzer. Jan harr al ordentlich wat intus un danz mit ehr 'n flotten Wiener Walzer as so 'n afdreihten Brummküsel, jümmers buten an de Kant vun dat groote Parkett entlang. In een lüttje Oogenblick aber harr he Anna nich mehr richtig to faten. Anna flöög op ehren Achtersen un verleer ehr Schoh un Jan schlidder över eenen ganzen langen Disch un rüüm all Buddeln un Gläser af. Dat hett mehr scheppert as an Annelis und Hannes' Polterabend.

Jan harr Glück hat. Bloots an sienen rechten Arm weer dat beten blödig, aber mit de Fier weer dat denn ut.

Danzen harr Jan noch kunnt, aber graadut gahn kunn he nich mehr. Hein wull Jan denn nahuus bringen. Un Anna harr sik ganz vörsichtig davonsleken.

Intwischen weer't al 'n beten hell worrn un Anna süht de ersten Hüüser vun ehr eegen Dörp. Nu eerstmaal ordentlich schlapen! Hüüt harr se noch free.

43

Jan harr ehr fraagt, ob se wedder mit em danzen wull in dree Weeken up't Sommerfest. Anna striekelt mit ehr Hannen ganz sachten över ehr Danzschoh.

Dies ist Holsteiner Platt, wie es in meiner Heimatstadt Neumünster und Umgebung gesprochen wird.

Seit meinem zehnten Lebensjahr kann ich Plattdeutsch sprechen und fühle mich dadurch verbunden mit meiner Heimat, auch wenn ich woanders bin.

Bild: Birgit Heymann

Michael Groß

Erdbeeren

Eine meiner frühesten Erinnerungen ist, dass ich durch Erdbeerreihen gehe, die in einem Garten gepflanzt sind. Es ist drückend heiß, die Sonne sticht, der Boden ist warm und staubig. Ich trage Sandalen und kurze Hosen. Ich weiß, dass ich aufpassen soll, um die Früchte nicht zu zertreten.

Plötzlich sehe ich – oh Schreck! –, wie ich mit der linken Ferse mitten in einer besonders dicken Frucht stehe. Die Erdbeere ist größer als die Ferse meines Schuhs. Zwei Drittel der Beere habe ich plattgetreten, der Rest steht noch hoch. Das Bild ist erstaunlich scharf und farbenkräftig: grün und rot.

Was ich mit diesem Bild verbinde, ist ein maßloser Schrecken, der mir durch alle Glieder fährt. Ich durfte das doch nicht! Aber nun ist es doch passiert! Habe ich denn nicht aufgepasst? Meine Mutter hatte mir das doch verboten, und ich habe mich wirklich bemüht, alles richtig zu machen! Wie passt das alles zusammen – das Verbot, meine Mühe, das Unglück?

Und so schießt das Bild als welterschütterndes Entsetzen durch meinen Körper. Alles ist festgehalten: Die sattgrünen, ein wenig scharf sich anfühlenden Blätter, die zermatschte, rote Frucht, meine hellen, kurzen Hosen. Die Blätter reichen mir bis zur Mitte der Oberschenkel, so klein muss ich damals gewesen sein. Ich bücke mich – kurzer Blick auf die Bescherung – dann der Blick nach oben. Nach WEIT oben. Irgendwo da muss das Gesicht meiner Mutter sein. Was wird sie sagen? Bestimmt wird sie schimpfen!

Mein Körpergedächtnis an dieser Geschichte ist nicht das Bild der zertretenen Erdbeere, sondern mein damaliges Bestreben, dem Wunsch meiner Mutter unbedingt Genüge zu leisten. Unser Körper speichert im Wesentlichen Gefühle, wobei Bilder, Farben und Gerüche eigentlich nur dazu da sind, die Situation auszumalen und zu illustrieren. Sie sind der Anlass, nicht die Ursache der Erinnerung.

In diesem Fall rekonstruiere ich eine deutlich gespürte und tief verinnerlichte Abhängigkeit von meiner Mutter. Manche nennen das ‚die Liebe des Kindes‘, aber der Begriff trifft es nicht. Eher ist es eine sowohl mit Lust als auch mit Schrecken wahrgenommene, totale Abhängigkeit, und zwar mit allem, was man hat und ist: Haut und Haare, Knochen und Eingeweide, Muskeln und Sehnen. Die Abhängigkeit ist total, und das Wissen um sie existenziell. Nur wenig mehr hat Bestand auf der Welt, das neben diesem lustvoll-ambivalenten Gefühl noch Platz findet.

Die Grundhaltung, die hier durchscheint, ist ein absolut fragloses, allumfassendes, sozusagen weltbeherrschendes Gefallenwollen. Sie – meine Mutter – wird mich verstoßen, wenn ich versage! Meine kleine Tapsigkeit hat ein solches Sturmgewitter von Entsetzen in mir ausgelöst, dass mein Inneres dieses Bild sechs Jahrzehnte lang frischgehalten hat.

Merkwürdig, oder? Meine Mutter ist lange tot. Niemand außer mir erinnert sich noch an diese Begebenheit, die damals geschehen ist, in irgendeinem winzigen, völlig unwichtigen Kleingarten der Welt.

Petra Koslowski

Erdbeerzeit

Manchmal frage ich mich, welche Bedeutung Jost Braunberg für mich gehabt hat. Ob er eine Bedeutung gehabt hat.

Ich hatte diesen Sommerjob, bei dem ich in einer Metall-Erdbeere auf dem Vorplatz eines Einkaufszentrums stand und fertig abgewogene 500-Gramm-Schalen verkaufte. Für mich gab es nichts anderes zu tun, als den Kunden diese Schalen herüberzureichen und das Geld zu kassieren. Die restliche Zeit wartete ich auf den Feierabend. Manche Leute sagten noch etwas über das Nötigste hinaus, versuchten ein kurzes Gespräch anzufangen. Zum Beispiel sagten sie: „Die Erdbeeren vom Günterhof sind doch die besten" oder „Die sehen heute aber besonders frisch aus" oder „Wieder ganz schön heiß, was?"

Einige erzählten mir, was sie mit den Erdbeeren vorhatten: einen Kuchen backen, Marmelade kochen, sie zum Nachtisch mit einer ordentlichen Portion Sahne verspeisen. Fast jeden Tag kam auch eine ältere Dame. Sie schob einen Rollator vor sich her und war viel zu warm angezogen in ihren kurzärmeligen Strickpullis. Jedes Mal, wenn sie kam, nahm sie ihr Schälchen mit einem dankbaren Lächeln entgegen wie ein Weihnachtsgeschenk. Nachdem sie es sorgfältig in ihrer Henkeltasche verstaut hatte, tischte sie mir eine ihrer Geschichten auf. Mit leuchtenden Augen erzählte sie, wie sie als Kind barfuß durch die Erdbeerfelder ihrer Großmutter gekrabbelt war, wie die krümelige Erde und das Stroh unter den Füßen gepiekst, die Blätter ihre Waden gekitzelt hatten, und wie sie sich vollgestopft hatte, bis sie sich nicht mehr bewegen konnte. Eine andere Geschichte drehte sich um die Erdbeerbowle ihrer Eltern, aus der sie und ihr Bruder sich heimlich die Früchte geangelt hatten, obwohl die gar nicht so gut schmeckten wie sonst. In den leuchtendsten Farben beschrieb sie die Wut und die Angst ihrer Eltern und den Lachanfall ihres Onkels. „Sie können sich gar nicht vorstellen, was da los war."

Die meisten Kunden sagten natürlich gar nichts weiter außer: „Ein Schälchen bitte", „Geben Sie mir gleich zwei", „Und eine Tüte bitte" oder: „Kann ich auch die Hälfte haben?" Nein, das ging nicht. Einige glaubten, meine Arbeit kommentieren zu müssen. „Sie haben aber einen tollen Job." „Wird bestimmt ganz schön heiß auf Dauer, was?" Oder: „Dürfen Sie denn selber auch mal naschen?" Das durfte ich. Jeden Tag bekamen meine Kollegin von der Vormittagsschicht und ich ein Schälchen Erdbeeren gratis. Wenn größere Mengen übrigblieben, auch mal mehr. Meist versuchten wir aber die Reste am nächsten Tag günstiger zu verkaufen. Am ersten Tag war ich so gierig nach den süß duftenden Früchten, dass ich die ganze Schale schon während der Arbeitszeit verschlang. Am zweiten nahm ich sie mit nach Hause und teilte sie mit einer Mitbewohnerin. Danach stellte ich sie einfach in die Wohnheimküche mit einem Zettel: „Für alle". Meist waren sie, glaube ich, schnell weg. Aber das interessierte mich nicht mehr. Da ich nun jeden Tag von Erdbeeren umgeben war, machte ich mir nichts mehr aus ihnen.

Ich hatte die Nachmittagsschicht, was bedeutete, über Stunden der größten Hitze des Tages ausgesetzt zu sein. Wie eine Wüste lag der weite, gepflasterte Vorplatz zwischen mir und dem Supermarkt. Einige spärliche Rabatten, die aussahen wie Gewächse einer semi-ariden Steppenlandschaft, wuchsen an seinen Rändern. Dahinter öffnete sich die unendliche baumlose Prärie des Parkplatzes. Ich schwitzte von der ersten Minute an, nach etwa einer Stunde war mein T-Shirt unter den Ärmeln unangenehm feucht, rann mir der Schweiß den Ausschnitt herunter, klebten meine Haare an der Stirn. Immer wieder hatte ich das Gefühl, keine Luft mehr zu bekommen. Ich trank so viel, wie ich konnte, oder besser: so viel, wie ich verantworten konnte. Denn wenn ich zur Toilette musste, hieß das den Rollladen herunterlassen und die Tür abschließen, um in den Supermarkt zu gehen, und danach unter den Blicken der wartenden Kundschaft den Verkaufsstand wieder umständlich zu öffnen.

Ich verbrachte Stunden damit, abwechselnd auf den öden Vorplatz oder auf mein Handy zu starren, das neben mir lag. Ich wollte den Überblick über meine Nachrichten behalten, mit meinen Leuten in Kontakt bleiben, sagte ich mir. Aber wenn ich ganz ehrlich war und obwohl ich mir immer wieder vornahm es nicht zu tun, wartete ich insgeheim auf ein Zeichen von Tom: Ein kurzes „Hallo, wie geht's?", die Nachricht, dass er mich sehen will, die sehr unwahrscheinliche Frage: „Wollen wir es nochmal miteinander versuchen?" Dabei war diese Beziehung schon lange tot gewesen, bevor wir sie tatsächlich beendeten. Das hatten wir beide so gesehen und beschlossen einen gewissen Abstand zu wahren, bevor wir wieder Freunde werden konnten. Jeder brauchte jetzt erstmal sein eigenes Leben. Natürlich tat es weh, mir offenbar mehr als ihm, aber es war richtig so.

Während ich immer wieder auf das dunkle, leblose Display neben mir blickte, fing ich an unsere Abmachung zu hinterfragen. Aber vielleicht hatte ich auch einfach nur zu viel Zeit zum Nachdenken. Mit starrem Blick beobachtete ich die wenigen Kunden, die bei dieser Affenhitze ihre Einkaufswagen über den Platz schoben. Ich analysierte ihre Bewegungen, sobald sie den Supermarkt verließen und berechnete im Voraus die Richtung, die sie einschlagen würden. Daraus konnte ich schlussfolgern, ob sie noch an meinem Stand Halt machen oder direkt den Parkplatz ansteuern würden. Meistens klappte das ganz gut. Nur selten schlugen Kunden überraschende Haken und kamen doch noch vor mir zu stehen, obgleich es erst anders ausgesehen hatte, oder gingen vorbei, obwohl ich gedacht hatte, sie steuerten auf mich zu. Die Zeit zog sich wie ein zäher Klebstoff, egal welche Strategie ich anwendete: ob ich versuchte, möglichst selten auf die Uhr zu sehen oder ob ich es alle fünf Minuten tat, um mich zu vergewissern, dass jeweils genau dieser Zeitabschnitt gerade verstrichen war.

Dann auf einmal sah ich ihn. Eigentlich erkannte ich ihn sofort. Dennoch zweifelte ich zuerst an meiner Wahrnehmung, denn die Art, wie er gekleidet war und das, was er tat, passten nicht zu der Person, die ich in Erinnerung hatte. Ich kannte sein Gesicht – da war ich mir sicher –, aber dieses Gesicht schien aus der falschen Kleidung herauszuragen, es machte sogar den Eindruck, als sei es ganz und gar auf einen falschen Körper aufgepfropft. Der junge Mann trug einen weißen Supermarktkittel und lief mit Müllbeutel und Zange bewaffnet über das Gelände, um den Abfall vom Parkplatz und aus den Rabatten einzusammeln. Mit seinem immer voller werdenden Beutel war er schon zweimal an mir vorbeigegangen, wobei er mir einen neugierigen, irgendwie komplizenhaften Blick zuwarf, was wohl als eine Art Solidaritätsbekundung unter Aushilfen gemeint war. Kein Zweifel: Es war Jost Braunberg, ehemaliger Schülersprecher meines Gymnasiums, Liebling der lokalen Medien und Mädchenschwarm der Schule. Er war zwei Jahrgänge über mir gewesen. Die Hälfte meiner Mitschülerinnen fand ihn „total süß", alle anderen vermutlich auch, sie gaben es nur nicht zu. Zu denen gehörte ich. Unfassbar, dass eben dieser Jost Braunberg hier den Müll der Supermarktkunden aufsammelte. Aber er war es, ganz sicher. Es handelte sich auch nicht um eine Fata Morgana, die der flirrenden Hitze geschuldet war.

Als er zum dritten Mal an meinem Stand vorbeikam, blieb er stehen und sagte: „Hi. Kennen wir uns nicht von irgendwoher?" Das fand ich noch unglaublicher als die Tatsache, dass er selbst sich an diesem Ort befand. Mein Puls ging schneller, ich hatte das Gefühl zu erröten. Wie konnte ich ihm in der Schule aufgefallen sein, wie hatte er mich dort überhaupt nur registrieren können? Ich war so überrascht, dass ich unwillkürlich meinerseits so tat, als wüsste ich nicht, wer er war. Er begann ein freundliches Rätselraten, legte nachdenklich seine Stirn in Falten. Vom Studium vielleicht? Unmöglich, denn er studierte Sozialwissenschaften und ich Spanisch und Geographie auf Lehramt. Dann eventuell aus der Aktionsgruppe nachhaltige Uni? Nein, in einer solchen Gruppe war ich nicht. Und ganz sicher kannte man sich auch nicht vom Kanufahren, Trommeln oder von den selbstverwalteten Häusern. „Na, dann hab ich mich wohl geirrt."

Achselzuckend wäre er wieder seiner Wege gegangen, wenn ich nicht doch noch die Kurve gekriegt hätte. „Warst du vielleicht auf dem Hannah-Arendt-Gymnasium?", fragte ich gerade noch rechtzeitig, so als würde ich mich genau in diesem Moment schlagartig erinnern. Dieses Getue war natürlich hochgradig lächerlich. Jost Braunberg hatte auf jeder Schülervollversammlung gesprochen, die Abi-Rede seines Jahrgangs gehalten und war regelmäßig in der Lokalpresse aufgetaucht, wenn es um die Aktivitäten des Stadtschülerrates ging. Meine ganze Klasse hatte sogar mal eine Freistunde bekommen, um seinem Power-Point-Vortrag über Alaska zu lauschen. Er hatte dort sein Highschool-Jahr verbracht. Alle kannten auch seine Freundin Ava, die immer das Solo auf den Sommerkonzerten sang. Sie sah toll aus und man war sich einig, dass die beiden gut zusammenpassten. Es war also unmöglich, Jost Braunberg nicht zu kennen, wenn man zur gleichen Zeit mit ihm auf der Schule gewesen war. Er musste auch selbst um seine Popularität wissen. Aber er durchschaute meine albernen Spielchen nicht, sondern nickte nur nachdenklich. „Ja, kann gut sein. Klar: Wir kennen uns von der Schule."

Er trug die Haare kürzer als damals, in seinem Gesicht stand jetzt ein Drei-Tage-Bart. Während er sich lässig auf meinen Verkaufstresen stützte und der Kittel ein Stück hochrutschte, sah ich, dass seine Arme ziemlich braungebrannt waren. Er wollte wissen, wie mir mein Job gefiel. Na ja, seiner war auch nicht so toll: Kisten schleppen, Regale einräumen und eben den Müll einsammeln. „Wie schmecken eigentlich die Erdbeeren?", fragte er und stibitzte sich blitzschnell eine, bevor ich reagieren konnte. „He, das ist aber nicht erlaubt", protestierte ich mit gespielter Strenge, obwohl ich überhaupt kein Problem darin sah, dass der nächste Kunde nur 490 Gramm in der Schale haben würde.

Es gibt Momente im Leben, in denen man über sich hinauswächst. Man tut Dinge, die man normalerweise nie tun würde, sagt etwas, das man nicht geplant hat und das eigentlich nicht zu einem passt. Dies war ein solcher Moment. „Ich kriege hier übrigens Erdbeeren umsonst", sagte ich so locker wie möglich. Plötzlich hatte ich das verrückte Gefühl, dass ich ihm etwas bieten konnte und es in meiner Macht stand, ob wir uns wiedersehen würden oder nicht. „Wenn du willst, können wir die nachher zusammen essen." Das hätte natürlich total danebengehen können. Wer war ich denn, mir einzubilden, ich könnte einen Jost Braunberg mit so etwas Profanem wie einem Schälchen Erdbeeren locken. Wie kam ich überhaupt dazu anzunehmen, dass er seinen wertvollen Feierabend ausgerechnet mit mir verbringen wollte? Ich fühlte mich wie eine Mutter, die versucht, ihr Kind mit einem Eis zu bestechen, und machte mich auf die höchstmögliche Peinlichkeit gefasst. Aber er lächelte mit einer Mischung aus Erstaunen und Dankbarkeit und sagte fröhlich: „Klar, gerne. Bis nachher."

Nach Feierabend setzten wir auf der Betoneinfriedung neben den Rabatten, die den Vorplatz begrenzten. Die Hitze hatte zum Abend hin nachgelassen und wir befanden uns schon in dem immer länger werdenden Schatten des Einkaufszentrums. Aber das Pflaster vor uns hatte sich den ganzen Tag über aufgeheizt und gab seine Wärme jetzt unbarmherzig an die Umgebung ab. Im Hintergrund hörten wir das Rauschen der vierspurigen Zubringerstraße, auf der die Leute kurz vor der Autobahn schon ordentlich Gas gaben. Von der Brachfläche hinter uns wehte ab und zu ein leichtes Lüftchen herüber, für das ich unendlich dankbar war. Langsam und genießerisch verzehrten wir unsere Erdbeeren. Während des Essens kommentierten und klassifizierten wir sie wie Weinkenner, die über einen edlen Tropfen fachsimpeln. Es gab die ganz großen, die meistens sehr fest waren, aber nur mittelmäßig im Geschmack, dann eine solide mittlere Größe, die eigentlich immer ein gutes Aroma entfaltete, und schließlich die kleinen, die zwar am wenigsten Masse hatten, sich aber in der Regel am meisten lohnten. Doch war man nie vor Überraschungen sicher. Auch eine halbreife Große konnte durchaus köstlich schmecken und ausnahmsweise eine kleine Dunkelrote übertrumpfen.

So machten wir es von da an jeden Abend. Jost Braunberg brachte ein Getränk aus dem Supermarkt mit und nachdem ich mit dem Bauern den Laden geschlossen hatte, zogen wir uns auf das kleine Betonmäuerchen zurück. Wenn wir gerade nicht den Geschmack der Erdbeeren kommentierten, redeten wir über unser Studium, was uns beiden jeweils mittelmäßig gefiel, die Stadt, die wir ein wenig zu klein, aber trotzdem ganz cool fanden, und natürlich über die Schule. Wir gingen alle Lehrer durch, vor allem die völlig behämmerten und skurrilen, über die wir die wildesten Anekdoten austauschten, erwähnten aber auch diejenigen, die eigentlich ganz in Ordnung waren, denen man aber trotzdem manchmal das Leben schwergemacht hatte. „Und nach all dem willst du wirklich noch Lehrerin werden?", fragte er. Wir ließen die Abi-Scherze der vergangenen Jahre noch einmal Revue passieren und kamen überein, dass der aus seinem Jahrgang eindeutig der beste gewesen war.

Am zweiten Abend zeigte mir Jost ein Foto von seiner Freundin. Es war nicht mehr Ava, sie hieß Mara und war vielleicht sogar noch schöner. Er erzählte mir, dass sie gerade ein Praktikum in New York machte und er sie wahnsinnig vermisste. Am Ende der Ferien wollte er sie besuchen. Dafür musste er sich hier das Geld verdienen. „Und wie ist es bei dir mit den Männern – hast du einen Freund?" Ich hatte nicht damit gerechnet, so unverblümt gefragt zu werden, druckste erst ein wenig herum, erzählte dann aber in

53

groben Zügen von meiner Beziehung zu Tom, wie sie schiefgelaufen war, dass wir uns zwar mehr oder weniger einvernehmlich getrennt hatten, es mir aber trotzdem nicht besonders gut damit ging. „Vermisst du ihn noch?", fragte er verständnisvoll. Ich nickte.

Da wir im Prinzip denselben Heimweg hatten, konnten wir immer ein gutes Stück zusammen fahren. Jost Braunberg wohnte in einer WG in der Innenstadt, ich selbst musste nur noch etwas weiter den Berg hochradeln, dann war ich bei meinem Wohnheim. Wir verabschiedeten uns an der großen Kreuzung, die den Innenstadtbereich vom Campus trennte. Normalerweise. An einem Abend hielt Jost jedoch schon früher an. „Heute brauche ich 'ne Abkühlung. Ich fahre noch zum Baggersee", sagte er und bog von der Hauptstraße in einen kleinen Fahrradweg ab, der am Flussufer entlang zum See führte. Ich fragte mich, ob er dort noch jemanden treffen würde. Anscheinend wartete niemand auf ihn, denn am nächsten Abend sagte er zu mir: „Komm doch auch mit baden. Das Wasser ist total angenehm." Ich lehnte reflexartig ab, schüttelte so heftig den Kopf, dass man es schon als Unhöflichkeit auslegen konnte. Rasch schob ich eine Ausrede hinterher: „Nein, heute geht es nicht. Ich bin noch verabredet. Vielleicht morgen." Natürlich war ich nicht verabredet. Das Einzige, was zuhause auf mich wartete, war eine angefangene Hausarbeit über einen unbekannten spanischen Dichter des 17. Jahrhunderts, die ich schon seit Wochen vor mir herschob. „Klar, dann also morgen", antwortete er und radelte davon.

Es versteht sich von selbst, dass es einen enormen Unterschied machte, ob man mit Jost Braunberg am Rande eines Parkplatzes saß und über die Schulzeit sprach oder ob man mit ihm unbekleidet an einem Badesee lag. Der Baggersee befand sich ein paar Kilometer abseits der Stadt zwischen Feldern und Büschen und galt als beliebter, wenn auch unerlaubter Badeplatz. Um ihn herum wuchs dichtes Buschwerk. Dazwischen taten sich immer wieder schmale Schneisen auf, die zu versteckten Buchten führten. Hier gab es sandige Mini-Strände, wo sich kleine Gruppen oder Pärchen aufhalten konnten, ohne von anderen gestört zu werden. Es war ein ungeschriebenes Gesetz, dass man als Neuankömmling nicht in eine belegte Nische eindrang, sondern sie denen überließ, die zuerst gekommen waren. Ein anderes ungeschriebenes Gesetz lautete, dass alle dort nackt badeten.

Während ich unproduktiv über meiner Hausarbeit brütete, versuchte ich mir vorzustellen, wie es wäre: Jost Braunberg und ich nebeneinander am Strand, nur ein paar Handbreit voneinander entfernt. Würde er mich mit verstohlenen, vielleicht sogar begehrlichen Blicken von der Seite taxieren? Oder würde er, was ich viel wahrscheinlicher fand, einfach vollkommen gleichgültig neben mir liegen? Nein, ich konnte auf keinen Fall mit ihm schwimmen gehen, beschloss ich am späten Abend, nachdem ich eine ganze Stunde kein einziges Wort geschrieben hatte. Am nächsten Morgen packte ich spontan ein Handtuch ein.

Die Wettervorhersage hatte den heißesten Tag des Jahres angekündigt. Nachmittags bewegte sich die Luft überhaupt nicht mehr und lag in einer schweren, schwülfeuchten Decke über dem Vorplatz und über meinem Stand. Die Erdbeeren verbreiteten einen intensiven überreifen Duft, der fast schon ins Unangenehme umschlug, weil er einen Hauch der künftigen Fäulnis in sich trug. Ich fühlte mich derart davon benebelt, dass ich einen Kreislaufzusammenbruch fürchtete. „Heute gibt's noch was", „Da liegt was in der Luft", sagten die Kunden mit Blick auf den immer trüber werdenden Himmel. Und sie hatten recht. Die Sonne schien nur noch schwächlich und fahl durch den Dunst, der sie umgab. Mir kamen Zweifel, ob wir es noch vor dem Gewitter zum Badesee schaffen würden. Vielleicht, dachte ich, würde mir das Wetter meine Entscheidung abnehmen.

Doch als wir später auf dem kleinen Betonmäuerchen saßen, hatte es sich noch immer nicht wesentlich abgekühlt. Auf die

Erdbeeren hatte ich wenig Appetit, nachdem ich sie schon stundenlang gerochen hatte. Jost Braunberg verschlang sie gierig wie immer und versuchte mehrmals, mir auch welche anzudrehen. „Los, nimm auch noch eine", sagte er und wedelte mit einer Beere vor meinem Gesicht herum. Seine andere Hand legte er dabei ganz leicht auf meinen rechten Arm. Es war das erste Mal, dass er mich berührte. Es versetzte mir – ich kann es nicht anders ausdrücken – einen elektrischen Schlag. Als er alle Erdbeeren aufgegessen hatte, ließ Jost sich mit einem Seufzer rücklings in die Rabatten fallen. Ich tat es ihm gleich. Schweigend lagen wir nebeneinander. Dann zeigte er plötzlich nach oben und sagte: „Wir müssen los. Da braut sich was zusammen."

Der Himmel hatte eine stahlgraue Farbe angenommen, die sich mit dem Hellgrau des gepflasterten Vorplatzes zu einem undefinierbaren Brei vermischte, in dem wir beide, zwei winzige farbige Flecken, zu unseren Fahrrädern eilten. Die Luft kühlte sich jetzt schlagartig ab und es war nur noch eine Frage der Zeit, bis sich das Gewitter entladen würde. Während wir radelten, spürte ich die feuchte Kühle auf meinen nackten Oberarmen, ich fröstelte, bekam eine Gänsehaut. Kurz bevor wir die Innenstadt erreichten, stürzten dann die Wassermassen auf uns herein. Es dauerte nur wenige Minuten, bis ich komplett durchnässt war. Der Wind peitschte uns eine Art Sintflut entgegen, so dass wir kaum noch etwas sehen konnten, geschweige denn miteinander kommunizieren. „Wollen wir uns irgendwo unterstellen?", rief ich mehrmals in das Unwetter hinein, dahin wo ich meinen Begleiter vermutete, wobei mein Vorschlag im Grunde sinnlos war, denn nasser als jetzt konnten wir gar nicht mehr werden. Erst nach meiner dritten Frage bekam ich eine Antwort. Ich verstand so viel wie: „Du kannst mit zu mir kommen, ist nicht mehr weit."

Obwohl ich nicht sicher war, ob ich richtig gehört hatte, folgte ich Jost Braunberg bis in den Innenhof eines Fachwerkhauses, in dem sich seine WG befand. Der Fahrradständer war überdacht, so dass wir endlich Ruhe vor dem Unwetter hatten, während der Regen über uns auf das Dach prasselte. Durch die Hintertür betraten wir einen dunklen Hausflur, in dem sich die Wärme der letzten Wochen gehalten hatte, was ich in diesem Moment äußerst angenehm fand. Wir stiegen die drei Treppen hoch bis zu Josts WG. „Du bist ja total durchgefroren", sagte er, als er mich zittern sah. „Am besten gehst du erstmal unter die heiße Dusche." Er lotste mich ins Badezimmer, gab mir ein Handtuch und zeigte mir, wo ich meine nassen Klamotten aufhängen konnte. „Beeil dich ein bisschen", riet er mir, „das warme Wasser reicht nur eine Viertelstunde. Ich werfe eben eine Duschmünze ein."

Ich tat, wie mir geheißen. Noch völlig benommen von dem Unwetter und der Tatsache, dass ich mich so unerwartet in Jost Braunbergs Wohnung befand, zog ich mich aus, stieg in die Dusche und stellte mich unter das warme Wasser. Durch die milchige Duschabtrennung sah ich, dass auch Jost noch einmal ins Badezimmer zurückgekehrt war und sich ebenfalls in aller Seelenruhe auszog. „Ich hatte nur noch eine Duschmünze", murmelte er, als er zu mir in die Kabine stieg. Unsere Körper drängten sich aneinander, während das Wasser unsere nackte Haut wärmte. Ich verlor jegliches Gefühl für Raum und Zeit. Wie lange wir dort so standen und einander streichelten, weiß ich nicht. Nur, dass irgendwann das Wasser kalt wurde. Nach dem Duschen trocknete Jost erst mich, danach sich selbst ab, dann gingen wir in sein Bett, wo wir die nächsten Stunden verbrachten.

Als es anfing zu dämmern, sagte Jost mit einem Blick auf die Uhr, ich könne leider nicht mehr länger bleiben, denn er würde gleich mit seiner Freundin skypen. In New York war es gerade Nachmittag und sie sprachen jeden Tag um diese Zeit miteinander. Ich akzeptierte das sofort. Er war es, der die Regeln bestimmte, das war offensichtlich. Ich wäre auch gar nicht in der Lage gewesen zu protestieren, so trunken war ich noch von dem, was ich gerade erlebt hatte. Ich schälte mich aus dem Bett, zog mich an und machte mich auf den Weg. Noch während ich das Zimmer verließ, sah ich das unscharfe Bild von Mara auf Josts Laptop auftauchen. Seine eigene Kamera war noch ausgeschaltet. Er lächelte zum Abschied, dann drehte er mir den Rücken zu.

So machten wir es von da an jeden Tag. Nach der Arbeit aßen wir unsere Erdbeeren wie ehedem, nur vielleicht etwas eiliger als früher, danach ging ich mit zu Jost und verließ sein Bett erst, wenn Mara auf dem Bildschirm aufleuchtete. In den Nächten blieb ich oft noch lange wach. Ich lag vor unserem Wohnheim im Gras und suchte den blauschwarzen Himmel nach Sternschnuppen ab. Die Sache mit Jost dauerte so lange, bis die Erdbeerzeit dem Ende zuging. Je weiter der Sommer fortschritt, umso kleiner und süßer wurden die Früchte. Es kam uns so vor, als hätte sich ihr Aroma auf engstem Raum zu einer Art Konzentrat verdichtet. Täglich lieferte der Bauer jetzt weniger Schälchen, die Ernte dünnte sich nach und nach aus. Manchmal verkaufte ich sie so schnell, dass ich meinen Stand früher schließen und auf Jost warten musste. An einem Freitagabend erklärte er mir, er habe jetzt genug Geld zusammen und müsse nicht mehr weiterarbeiten. Seinen Flug hatte er schon gebucht: In einer Woche würde es losgehen.

An diesem Abend ging ich noch einmal mit zu ihm. Ohne dass es ausgesprochen wurde, wusste ich, dass es das letzte Mal war. Danach hörte ich nie wieder etwas von Jost Braunberg. Ehrlich gesagt hatte ich auch nicht damit gerechnet. Wir hatten nicht einmal unsere Kontaktdaten ausgetauscht. Ob ich mir das überhaupt gewünscht hätte – ich weiß es nicht. Anfang der folgenden Woche kündigte ich meinen Job im Erdbeerstand. Es lohnte sich nicht mehr. Während Jost mit Sicherheit eine tolle Zeit in New York verlebte, schrieb ich meine Hausarbeit zu Ende. An Tom dachte ich nur noch selten in dieser Zeit. Im Grunde kam ich sogar ziemlich schnell über ihn hinweg.

Birgit Heymann

An meinen Wald

Mein tausendgrün Blätterdach
wie bist du schön!
Müssen doch Weh und Ach
im Schatten vergeh'n

Der Morgen sich hebt licht
aus unruhiger Nacht
Dein Friede umhüllt mich
macht klar mich und wach

Kann spüren dein Wehen
Atem tiefreiner Luft
Mög' niemals vergehen
dein feuchtfrischer Duft!

Bild: Schaukelndes Mädchen   *Gaba Weis*

Nevena Radeva

Hände

Sanft

sind sie

voller Zärtlichkeit,

festhaltend und befreiend.

Rau

sind sie,

gezeichnet durch Erfahrung,

einfühlsam, verwundet und verbindend:

Die Hände meiner Eltern

Sandig

meine Hände,

lebhaft, neugierig, spielend,

unachtsam, nicht fehlerfrei,

aber fest umarmt,

zutiefst geliebt.

Ruth Finckh

Veronika und die Blauen Blumen

Veronika, meine Mutter, sitzt am Küchentisch und malt mit Aquarellfarbe blaue Blumen. Keinen Moment denkt sie darüber nach, wie besonders dieser Augenblick ist. Und ich hüte mich, etwas dazu zu sagen. Sie würde wahrscheinlich nur lachen.

Vor ihr steht ein Topf mit zarten blauen Anemonen; ich habe sie im Garten ausgegraben und vorübergehend in die warme Küche geholt, um die Porträtsitzung zu erleichtern. Im Hintergrund läuft klassische Musik. Veronika runzelt konzentriert die Stirn, völlig versunken in ihre Aufgabe. Welches Blau soll es sein? Dieser helle, fast türkishafte Ton auf keinen Fall. Auch das Himmelblau ist zwar sanft und schmeichelnd, trifft die Anemonenfarbe aber nicht so ganz. Vielleicht muss man einen kleinen Schuss Violett hineinmischen. Aber bloß nicht zu viel! Und dann mit Wasser verdünnen.

Veronika kostet alle Schattierungen aus. Sie hatte es nämlich verloren, das Blau, wer weiß für wie lange. Und das Schlimmste: Sie hatte es nicht einmal richtig gemerkt. Seit einigen Wochen wohnt sie bei uns, als eine Art Kuraufenthalt, um in Ruhe den Grauen Star operieren zu lassen. Der Eingriff schien eigentlich nur nötig, damit sie den Weg vor ihren Füßen wieder deutlich sehen könnte und die Kaffeetasse auf dem Tisch. So dachten wir jedenfalls.

Aber dann linste sie nach der ersten Behandlung heimlich unter der Augenklappe heraus und flüsterte ganz bewegt: „Der Himmel hinter den Wolken!"

Es zeigte sich, dass die Trübung nicht nur Unschärfe, sondern auch Vergilbung mit sich gebracht hatte, so schleichend, dass es kaum auffiel. Und so war das Blau nach und nach aus Veronikas Welt verschwunden. Ihr Himmel hatte sich gelblichgrau gefärbt und hinter den Wolken war – nichts.

Bis die kleine Operation alles veränderte. Nun blüht zwar der Löwenzahn etwas blasser als zuvor, aber dafür leuchten Jeans und Vergissmeinnicht, Himmelsflächen und Traubenhyazinthen in diesem fast vergessenen Ton. Meine Mutter freut sich an jeder Nuance, als hätte sie alte Freunde wiedergefunden.

„Veronika bedeutet *Ehrenpreis*", sage ich vorsichtig. „Auch so eine blaue Blume."

Sie blickt auf, ein wenig irritiert durch die Störung. Dann lächelt sie und beugt sich wieder über das Aquarell. Während sie nach dem Pinsel greift, murmelt sie leise: „Ich weiß."

Bild: Veronika Finckh

Petra Koslowski
Held der Straße

Es hatte sie nie gestört, dass er bei der Müllabfuhr arbeitete. Im Gegenteil. „Ihr seid doch die Helden der Straße", sagte sie zu ihm, als sie sich kennenlernten. Mit ihren Kita-Kindern musste sie immer stehenbleiben und zusehen, wenn ein Müllauto vorbeifuhr, und warten, bis ein Müllmann ihnen zuwinkte. „Stimmt. Die Kleinen sind ganz wild auf uns." Er grinste. „Aber viele Erwachsene finden's eklig. Dabei sind wir es, die die Drecksarbeit machen, und nicht sie." Sie war entschlossen, ihn gegen Kritik zu verteidigen. Doch niemand von ihren Freunden äußerte sich abfällig, sei es aus Höflichkeit, sei es aus Respekt. Diese Arbeit – da war man sich einig – musste ja auch getan werden. „Wo die Liebe hinfällt", war der einzige Kommentar ihres Vaters. Ihre Mutter sagte: „Hauptsache, er ist ein anständiger Kerl."

Sie zogen bald zusammen. Nach der Arbeit duschte er gleich im Betrieb und wenn er nach Hause kam, roch er nach Duschgel und Deo, nach typisch männlichen Duftnoten: ein bisschen nach Wald und Abenteuer. Manchmal ließ er sich auch von seinem Kollegen direkt zu Hause absetzen, nachdem sie ihre Runde beendet hatten. Im Sommer schlug ihr an solchen Tagen gleich sein Schweißgeruch entgegen – es war der Geruch von jemandem, der in glühender Hitze hart gearbeitet hatte. Auf seinen Armen roch sie die Sonne, der er stundenlang ausgesetzt gewesen war, und die Reste von Sonnenmilch, zu der sie ihn am Morgen überredet hatte. Wenn er dann aus der Dusche kam, zog er sich nicht sofort an, sondern lief nur mit einem umgebundenen Handtuch durch die Wohnung. Im Winter brachte er die Kälte mit nach Hause. In seinem Haar hingen die Autoabgase, die sich bei diesem Wetter hartnäckig über die Stadt legten, und seine Hände rochen nach einer Fettcreme mit Kamillenextrakt. Sie ließ ihm ein Bad ein, damit er sich aufwärmen konnte, kippte einen Badezusatz mit Zitrus- oder

Fichtennadelduft hinein und stieg zu ihm in die Wanne. Sie liebten sich. Sie wollten ein Kind.

Dann passierte der Unfall. Er rutschte vom Trittbrett, als der Fahrer zu schnell anfuhr, und brach sich ein Bein. Der Bruch war kompliziert, verheilte schlecht. Die Ärzte taten ihr Bestes, aber er würde zeitlebens das eine Bein beim Laufen ein wenig nachziehen. Es war unmöglich, dass er jemals wieder bei der Müllabfuhr mitfahren konnte. Die Entsorgungsbetriebe boten ihm eine Stelle am Band an: als Müllsortierer. Er akzeptierte ohne zu zögern, hielt nicht einmal Rücksprache mit ihr. Geld war schließlich Geld. Und niemand hatte behauptet, dass man ein Recht darauf hatte, es auf besonders angenehme Weise zu verdienen.

„Du kannst dir doch was anderes suchen", sagte sie.

„Was denn, ohne Ausbildung? Außerdem brauchen wir das Geld. Wir wollen doch was Kleines machen."

Sie erzählte niemandem davon. Nicht, weil es ihr unangenehm war, versicherte sie sich selbst. Die Leute sollten nur nichts Falsches denken. „Er arbeitet jetzt im Innendienst", sagte sie, wenn jemand fragte. Ihre Eltern meinten, das sei doch sogar besser als vorher.

Vom ersten Tag an, seit er am Band arbeitete, war etwas anders zwischen ihnen. Aber was es war, wurde ihr erst nach und nach bewusst. Sie konnte ihn nicht mehr so unbefangen umarmen wie früher, auch ihre Küsse fielen flüchtiger aus. Vergeblich suchte sie seinen alten Geruch nach Wind und Wetter und nach schwerer körperlicher Arbeit. Stattdessen haftete seinem Körper jetzt etwas anderes, schwer Fassbares an. Es war so, als hätte man den Müll zu lange nicht nach draußen gebracht. Die Luft war nicht mehr frisch, doch man wusste noch nicht, woran es lag. So, als ob ein Butterbrot zu lange in der Frühstücksdose gelegen hatte. Es stank noch nicht wirklich, aber es roch auch nicht mehr angenehm.

„Hast du dir schon die Hände gewaschen?", frage sie, bevor er sie berührte. So wie sie ihre Kita-Kinder fragte, wenn sie im Dreck gespielt hatten. „Also, das ist wirklich das Allererste, was wir nach der Arbeit machen", lachte er. Sie sagte, sie glaube, dass er den Geruch der Mülldeponie mitbringe, aber er schüttelte den Kopf. „Hör mal, Hasi, wir sortieren das Zeug, aber wir baden nicht drin. Wir tragen Kittel und Handschuhe, und nach der Schicht dusche ich wie immer."

Er erzählte wenig von seinem neuen Job. Nur, dass er seine Kollegen nicht besonders mochte und dass eine Neue mal aufs Band gekotzt hatte. Er kam jetzt oft spät nach Hause und immer öfter roch er abends nach Bier. Immer seltener hatte sie Lust auf Zärtlichkeiten. Sie wand sich aus seiner Umarmung und küsste ihn nur oberflächlich. Abends im Bett, wenn er fragend ihren Rücken streichelte, drehte sie sich nicht mehr zu ihm um. Sie begann, sich ein Leben ohne ihn vorzustellen. Am Anfang nur hin und wieder, dann immer öfter und schließlich fast jeden Tag.

Gaba Weis

Ode an meine Hand *

Du beste aller Schöpfungen
Dich bete ich an!
Rebellisch, kämpferisch und furchtlos,
Ein Held, wenn es darauf ankommt!
Und doch sensibel, zärtlich, behütend –
Dir muss ich einfach vertrauen!
Ich hasse Dich, wenn Du zerstörst,
nicht gehorchst und Dein eigenes Ding machst.
Ich beweine Dich, wenn Du schwach bist,
nur noch knirschst, starr bist oder zitterst,
wenn Dich Deine und meine Feinde übermannen.
Ich liebe Deinen Intellekt,
Deine Kraft, sich immer wieder zu erheben,
nie aufzugeben, auch wenn Dir Deine Widersacher
fortwährend engere Grenzen setzen.
Ich liebe Dich für Dein Feingefühl,
Deinen Spürsinn und die Kraft,
mich beharrlich zu beschützen,
mich voranzubringen und meine Wünsche zu erfüllen,
ich bin unendlich glücklich, Dich zu haben,
genauso wie Deinen Bruder!

Bedingt durch rheumatische Erkrankungen sind meine Hände nicht nur je nach Tagesform in einem nicht vorhersagbaren variablen Zustand, sondern verlieren zunehmend an Kraft, Funktionalität und Optik. Daher sollte das Positive besungen werden, wenngleich Wehmut wie beim Verlust einer großen Liebe mitschwingt, wenn man realisiert, dass dies eine Einbahnstraße ist. Aber bei der Geschwindigkeit kann man etwas mitbestimmen!

Manfred Kirchner
Henry

Jonas hatte einen Traum, einen furchtbaren. Und er konnte sich noch genau erinnern, denn er war mitten im Traum aufgewacht. 2043, Neujahr! Sie hatten gerade das neue Jahr begrüßt, klassisch, wie all die Jahre zuvor. Mit Sekt. Sekt aus Grönland, ein Hype. Den musste man getrunken haben, wollte man mitreden. Serviert von Edward, dem elektronischen Butler. Edward war ein „pfiffiges Kerlchen", so Oma Ilse. KI, künstliche Intelligenz, weiß schon vor dem Eintreffen der Gäste, was sie wollen, was sie trinken und wann sie wieder gehen, so Oma Ilse. So weit, so schön. Aber dann war da Elsa. Sie sagte Schatzi zu ihm, sei seine Frau. „Kann nicht sein. Die heißt doch Dorothe." Und sie sagte ihm, was sie sich für das neue Jahr von ihm wünsche. Bekommt wohl einen neuen Job, Marketingdirektorin oder so, sagte sie. Ich müsse ihr den Rücken freihalten, sagte sie. Wie das geht?

„Pass auf. Du managst ab sofort die Kinder. Othello in den Kindergarten. Serafine schafft den Weg zur Schule schon allein. Aber du hilfst ihr bitte bei den Schulaufgaben – da hat sie einfach keine Lust zu – und bringst sie Mittwoch und Freitag zum Sport, Dienstag Geigenunterricht und am Wochenende zum Handball. Die suchen übrigens noch einen Betreuer für ihre Mannschaft..."

Othello und Serafine? Das sind doch nicht meine Kinder? Leon und Caroline! Und überhaupt, ich muss doch jeden Morgen um sieben ins Labor!

„Ins Labor? Welches Labor?", fragte Elsa und erklärt ihm, dass er ja schon seit zwei Jahren freigestellt sei... KI, künstliche Intelligenz! Seine Nase, seine Zunge! Das macht jetzt ein Roboter, sehr zuverlässig und deutlich kostengünstiger. Mit einer exakten Analyse, einer Aufschlüsselung der Aromastoffe und 'ner Prognose der möglichen Kunden. Jetzt sei es nicht mehr erforderlich, ausführliche Experimentprotokolle zu erstellen. Das Zeug einfach zusammengeschüttet und fertig. Henry, so heißt das Prachtstück, das SymPrise im letzten Jahr eingeführt habe.

Sym, sympathisch... , Prise, kleine Menge oder doch Seeräuberbeute? Jonas überlegte, wofür dieser Firmenname steht. Anscheinend nicht für soziale Werte.

Die Geschmacksnerven und der Geruchssinn von Jonas sollen völlig überflüssig geworden sein? Ein Parfum-Sommelier sei da doch zu unzuverlässig. Tagesform, noch einen Kater von der Party vom Vortag. Emotionale Schwankungen, persönliche Gefühle. Wie soll da der makellose Duft entstehen? Meint Elsa. Innovation ist eine Kernkompetenz unseres Geschäfts, so die Unternehmensphilosophie. So steht es fett auf jeder Seite im Internetauftritt. „Hast du das nicht ernst genommen, Jonas?", so Elsa zynisch. Und dann hatte sie noch den perfekten Marketing-Slogan entwickelt. „DAS SCHÖNSTE KOMPLIMENT IST DAS LÄCHELN AUF DEN LIPPEN, HERVORGEZAUBERT DURCH DEN PERFEKTEN DUFT." All das lasse sich mit Henry erreichen. Da sie ja jetzt die Bitcoins von SymPrise ins Haus bringen müsse, solle er sich endlich mal von der Ottomane herunter bewegen und was Nützliches zum Familienleben beitragen.

Und dann noch das Thema Küche! Nein, dieses Fastfood aus der Retorte, irgendwelche zusammengepanschte Chemie. Nein, das komme ihr nicht auf den Tisch! Ein Klimazelt! Ein Klimazelt hat sie gekauft. Zehn mal zwanzig Meter groß. Automatisch beregnet. Sie will Tomaten, Gurken, Salat und Kohlrabi aus eigenem Anbau, so gut, wie sie früher das Gemüse und Obst vom Markt geholt hat. Aber ohne Käfer, Würmer und Raupen. Und ich soll... , nein, ich muss...

Hol sie doch der Teufel, die Elsa!

Jonas saß aufrecht in seinem Bett, schweißgebadet. Ein Blick auf seine Uhr, na ja, es war denn doch schon ein digitaler Wecker mit Lichtweckfunktionen: Donnerstag, 24. Juni 2021, 03:45 Uhr. „Gott sei Dank! Nur ein Traum", stellte Jonas erleichtert fest. Oder doch nicht? Er hatte ja heute den Termin beim Personaldirektor. Personalgespräch, so stand es in der Einladung. Ein Karrieresprung? Er hatte sich hochgearbeitet, hatte viele gute Ideen entwickelt. Eigentlich wäre er dran mit einer Beförderung zum Laborleiter. Der jetzige Laborleiter hatte sich ja für den Ruhestand entschieden. Oder doch die Beschaffung eines Henry? Aber Elsa! Das war doch die neue Chemikerin mit Hochschulabschluss. Sollte die etwa...?

Hol sie doch der Teufel, diese Elsa!

Dorothe neben ihm schmatzte im Schlaf. Ein Traum? Tomaten, Gurken und Salat aus dem Klimazelt?

Helga Margenburg

Im Wald

Den Wald habe ich schon immer geliebt. Dieses Wesen in seiner Komplexität, das atmet wie ein Mensch, voller Leben und Betriebsamkeit, ist wie ein Freund. Der Wald will nichts von mir, er ist einfach da. Zwischen all den Bäumen komme ich mir unbedeutend vor. Ich kann im Wald spazieren gehen, die Bäume anfassen, ihr Grün riechen und meinen Gedanken nachhängen. Manchmal schmiege ich mich an die Stämme oder streiche über die rissige Rinde, dann habe ich das Gefühl, ihre Stärke ginge auf mich über.

Ich gehe oft in den Wald. Ich liebe den Mischwald mit Buchen, Eichen, Erlen, Hainbuchen, Kiefern und Fichten, ich fühle mich wohl in ihrer Gesellschaft. Dass der Wald bedrohlich wirken könnte, kommt mir nicht in den Sinn. Ich fühle mich sehr sicher hier, und der Wald ist eine Quelle der Kraft für mich. Manche der Bäume kenne ich schon sehr, sehr lange. Als sie noch jung waren, waren ihre Äste dünn und bogen sich im Wind, ich dachte, sie würden abbrechen, doch sie haben gehalten und wurden von Jahr zu Jahr kräftiger. Sie haben Stärke, Reife und Kraft, alles, was ich auch gerne hätte.

Ich muss aufpassen, dass ich nicht über Wurzeln stolpere, die hier und da aus dem Boden herausragen. Die meisten Bäume sorgen für ihre Nachkommen, indem sie sie über ihr eigenes Wurzelwerk mit Nahrung versorgen, eine mütterliche Fürsorge ähnlich wie bei den Menschen. Oder sie sorgen für die, die neben ihnen stehen, geben Nachbarschaftshilfe, oder sie warnen sich gegenseitig vor Gefahren. Als Abwehr gegen Fressfeinde bilden sie Duftstoffe, die durch den Wind zu anderen Bäumen getragen werden. Diese Duftstoffe sind wie die Wörter der Bäume. Für uns Menschen haben sie eine heilsame Wirkung. Sie sollen Stress abbauen und das Immunsystem stärken. Die Kommunikation der Bäume findet aber nicht nur über der Erde statt, durch den Boden zieht sich ein weites Netz von Pilzfäden, das Bäume und Sträucher miteinander verbindet, eine Art Internet des Waldes. Ältere Bäume sollen so ihre Erfahrungen an Sämlinge weitergeben. Sie warnen sich gegenseitig vor Trockenheit, Schädlingen oder Krankheiten.

Ihre Früchte bieten den Tieren des Waldes Nahrung. Die Erde ist von Moos und Fichtennadeln bedeckt und die Kronen der Bäume bilden ein Dach. Ein Dach, das mich beschützt. Dieses Blätterdach lässt nur hin und wieder Sonnenstrahlen durch und den Regen, den die Erde um Bäume herum so dringend benötigt. Manchmal, wenn der Wind allzu heftig hineinfährt, stoßen ihre Kronen aneinander, dann scheint mir, sie halten sich gegenseitig fest.

Die Stille ringsum wird durch das Summen der Insekten eher verstärkt als gestört. Ich liebe diese Stille und öffne alle meine Sinne. Ich höre Geräusche, Rascheln und Vogelstimmen, die sonst an mir vorüber gegangen wären. Nur vereinzelt, wie von fern, dringt das Klopfen eines Spechts an mein Ohr. Er hämmert sein Klack-Klack in einen Baumstamm. Damit er beim Klopfen keine Gehirnerschütterung bekommt, ist sein Schädel von einer Art „Stoßdämpfer" umgeben. Ein Wunderwerk der Natur.

Der Herbst ist eine Jahreszeit, die ich besonders liebe. Wenn die grünen Blätter ihre Farbe verlieren, erst gelb, dann braun, manche auch dunkelrot werden, wie ein trockener Spätburgunder, wenn ich Kastanien und Eicheln sammeln kann, mit den Enkeln basteln in dem Bewusstsein, dass im Frühjahr alles wieder grün wird und neues Leben beginnt. Der Herbst riecht anders als Frühling und Sommer, mehr dunkel und nach Abschied. Die Natur mischt dann ihre Farben, so, wie ein Dichter Worte mischt. Besonders schön sieht das aus, wenn das Sonnenlicht hineinstrahlt, dann leuchten die Blätter golden, so wie die Poesie, die aus den Dichterworten klingt. Herbstgold, sagt man.

Man hört so viel über Waldsterben, über vertrocknete Bäume, und das kommt nicht nur vom Borkenkäfer. Teilweise kann man es auch sehen beim Spaziergang im Wald, wenn da nur noch braune Baumstümpfe übrig sind, die Äste heruntergeknickt und ohne Blätter und ohne Kraft. Vielleicht sollten wir alle uns ein wenig mehr engagieren, damit die Bäume weiterleben können. Und vor allem keinen Müll mehr im Wald entsorgen. Die Bäume liefern uns den Sauerstoff, den wir zum Leben brauchen. Vielleicht sollten wir alle einfach den Bäumen zuhören, sie haben uns so viel zu sagen.

Ich setze mich auf den trockenen Boden und lehne mich an einen Baumstamm. Wie herrlich kühl es hier ist, während die Stadt von einer Hitzeglocke überzogen ist. Weiter hinten stehen Fichten zwischen den

Laubbäumen. Ihre Zweige tragen Zapfen und hängen tief herunter. Ihre Nadeln verbreiten ein würziges Aroma. Ich stelle mir vor, dass ganz weit oben, am Ende der Stämme, das Reich der Geister beginnt. Luftgeister, die den Wind erzeugen, die ihre Windharfen spielen, in deren Melodie ich mich sanft wiegen kann, während Zwerge oder Elfen in den Baumwurzeln wohnen. Ich tauche ein in die Fantasien meiner eigenen Welt.

Als ich ein Kind war, habe ich jedes Mal, wenn ich einen Käfer sah, gedacht, es seien Feen, die die Käfer beschützen und für ihr Wohlergehen sorgen. So einfach war das früher. Ich habe sie nicht oft genug hören können, diese fantasievollen Geschichten, die meine Mutter mir erzählte. Doch dann starb meine Mutter und die Erzählungen über die Zauberwesen mit ihr.

Wie gerne würde ich hier meine letzte Ruhe finden, unter einem der Bäume, mitten im Wald, und Teil des Naturreichs werden. Bis dahin werde ich weiter im Wald spazieren gehen, meine Sinne öffnen für einen Freund, seine Gerüche und Farben, seine Vielfalt.

Bild: Dieter Utermöhlen

Manfred Kirchner
Sturmflut

Tagtäglich überrollt sie mich,
die Flut der Bilder, Worte, Düfte und Geräusche,
bricht unaufhaltsam über mich herein.
Wird sie mich mit den Blumen fortspülen,
die am Wegesrand blühen?

Mir schmerzen die Ohren bei
gegenderten Fernseh-Kommentaren.
Verbessern Sternchen, Pausen und „*innen"
die Stellung von Frauen in der Gesellschaft?
Oder Respekt und Anerkennung in täglicher Hast?

Bin auch ich Gefangener des Hype
der Bilder von perfekt schönen Menschen,
die mich auf stylische Art ansprechen in
schicken und eleganten Klamotten
für den Müll in wenigen Wochen?

Werde ich zum Kreuzfahrer?
Noch weiter, noch schöner, noch mehr?
Ich will ihn nicht spüren, den
durch Werbung suggerierten Flair
auf dem Aussichtsdeck der AIDAnova!

Wie lange höre ich ihn noch,
den morgendlichen trillernden
Gesang des Bluthänflings auf der
Kirschbaumspitze in unserem Garten
in der Flut des Straßenlärms?

Wie lange rieche ich ihn noch,
den Duft der Veilchen am Wegesrand,
von Abgasen und Feinstaub aus den
Kaminen, Schloten und Autos überdeckt,
von Herbiziden unseres Fortschritts besprüht?

Wie lange schmecke ich sie noch,
die fruchtige Säure des Boskoop
statt hochgezüchtetem rotglänzenden
chemikalen Einheitsgeschmack
aus der Frischetheke des Supermarkts?

Es war einmal eine Zeit, alles das
zu fühlen, zu riechen, zu schmecken,
Ruhe und Stille zu entdecken.
Kein Flieger am Himmel, kein Straßenlärm
beim Corona-Lockdown, dem ersten.

Ich fühle mich seekrank, trunken.
Meine Sinne poltern durcheinander
kein Gleichgewicht mehr, kein Halt
auf schwankendem Boden in
Duft-, Lärm- und Bilderwogen.

Wer steht mir bei,
unterstützt mich
im Kampf gegen die
Sturmflut auf meine Sinne?

Albrecht Thiel
Stille nach dem Sturm
Antwort auf Manfred Kirchners „Sturmflut"

Wer bin ich eigentlich,
der sich überrollen lässt
von Bildern, Düften und Geräuschen?
Ich bin es doch, der es aufhalten kann,
ich kann noch Blumen erkennen.

Fernsehen konsumiere ich in kleinen Dosen;
Talkshows sind nur noch Geräuschkulisse.
Ich sende das *innen nach innen,
ich freue mich an „Terra X"
und hoffe auf den Impfstoff-Piks.

Ich muss im Hype nicht gefangen sein.
Ich habe andere Bilder im Kopf
von Menschen um mich herum
in Jeans und Pullover,
ein kleines Lächeln in ihren Augen.

Ich will nicht mehr kreuzfahren;
noch weiter, noch schöner.
Ich bleibe, wo ich bin.
Ich rieche und schätze meinen Garten;
ich betrachte ihn nicht durch Bullaugen.

Ich höre ihn noch deutlich,
den Gesang der Singdrossel
oben auf der Felsenbirne.
Ich pfeife eine kleine Melodie für sie
und wirklich, sie antwortet mir.

Natürlich rieche ich noch die Veilchen
und sehe die Wegwarte dort.
Ich kaufe mir ein Elektromobil
und einen Feinstaubfilter für meinen Ofen;
den Wohlstand genieße ich trotzdem.

Im Supermarkt liebe ich „Regionales",
wenn auch ein Apfel mal faul ist.
Ein Wagen hält vor meinem Haus
und bietet mir frisches Gemüse vom Feld.
Der Fahrer liest mir aus der Bibel vor.

Noch habe ich Zeit, alles zu fühlen,
zu riechen und zu schmecken,
was ich schon einmal kannte.
Ich besinne mich in pandemischer Zeit
auf Zeiten, aus denen ich gekommen bin.

Mein Gleichgewicht steht auf zwei Beinen,
die sieben Sinne sind geordnet,
sie gehorchen meiner inneren Kraft.
Der Boden schwankt nicht mehr,
wenn ich es will.

Ich stehe dem bei,
der sich verloren fühlt.
Ich helfe ihm auf
und ziehe ihn heraus
aus der Sturmflut der Sinne.

Foto: „Land unter"   *Manfred Kirchner*

Helga Margenburg
Das alte Haus

Das Haus stand einsam an der Straße, weitab von den anderen, es war baufällig und unbewohnt, der Putz blätterte ab, das Grundstück war verwildert, hohes Unkraut ringsum. Meta fragte sich, ob die alte Eisenbank noch davor stand. Bestimmt war sie schon längst verrostet, die einst weiße Farbe abgesprungen. Bis zu ihrem Auszug hatte sie oft dort gesessen, hatte gehäkelt, später gestrickt oder einfach nur in die Luft geschaut und war ihren Gedanken nachgegangen. Schwer vorzustellen, dass sie hier vor ungefähr fünfzig Jahren gewohnt hatte, in der Nachkriegszeit. Wer wohl die Leute waren, die nach ihnen gekommen waren und wo sie jetzt wohnten? Und was wohl mit dem alten Haus passieren würde? Dass man es einfach weiterhin dem Verfall überließ, konnte sie sich nicht vorstellen, insbesondere, wo doch die Preise für Grundstücke immer weiter stiegen. Vielleicht würde es abgerissen und auf dem Grundstück neu gebaut, ein ordentlicher Profit für den Eigentümer. Fragen, auf die sie nie eine Antwort bekommen würde. Dass sie sich heute hierher verirrt hatte, war nur Zufall gewesen, sie kam sonst nie in diese Gegend, sie mied sie sogar.

Sie holte tief Luft. Es roch nach feuchtem Stein, nach Erde und Grün und dem milden Duft von Goldregen, obwohl es regnete. Ein Duft, der sie an früher erinnerte. Sie hatte ihn geliebt, als Kind, diesen Duft.

Sie nahm die Hundeleine. Der Hund trottete mit gespitzten Ohren neben ihr her und betrachtete gleichmütig das verfallene Haus. Er wusste ja nichts von damals. Ein Stück Himmel spiegelte sich in einer Pfütze. Der Hund blieb stehen und bellte es an.

Sie ging weiter bergan, setzte einen Fuß vor den anderen. Sie war gern weit oben und blickte auf das hinunter, was sich zu ihren

Füßen ausbreitete. Genauso fühlte sie sich, klein und weit entfernt von allem. Sie versuchte so zu tun, als habe sie alles Schlechte dort unten zurückgelassen.

Der Hund rührte sich nicht von der Stelle, obwohl sie am Halsband zog. Wie wild bellte er die leere Straße hinunter in die Richtung, aus der sie gekommen waren. „Was hast du?" fragte sie ihn. Er hörte auf zu bellen, starrte aber weiter in die Richtung. Plötzlich hatte sie das Gefühl, verfolgt oder beobachtet zu werden. Ihre Haut kribbelte.

Endlich ließ der Regen nach und die Straße glänzte dunkel. Die dichten Wolken zogen schnell über den Himmel und die Luft roch durchdringend nach Feuchtigkeit. Zwischen den Steinen wuchs Gras. Auf einmal verspürte sie Angst, Angst, die aus der Erinnerung aufstieg. Je länger sie nachdachte, umso mehr befielen sie Zweifel. Was, wenn er noch lebte und es wieder versuchte? „Nein. Er ist doch tot", sagte sie laut, „und außerdem wäre er viel zu alt". Die Erinnerung zersplitterte.

Sie hatte gedacht, sie könnte die Vergangenheit hinter sich lassen, aber diese Dinge waren ein Teil von ihr. Man nahm sie immer mit, ob man wollte oder nicht. Warum hatte sie sich nicht gewehrt damals? Sie war ein Kind gewesen, sie konnte nicht genau sagen, wie alt sie gewesen war, vielleicht zehn oder elf, und es war eine ganze Zeit gegangen, sie hätte sich gut wehren können. Es hörte erst auf, als sie mit vierzehn tatsächlich zu Hause auszog und als Hausmädchen in eine andere Familie kam.

Irgendwie rannte man ein Leben lang weg, fand sie. Aber am Ende, wenn man am schwächsten war, holte einen die Vergangenheit doch ein. Sie merkte, wie sie Dinge vergaß. Wahrscheinlich war das normal in ihrem Alter. Manchmal bildete sie sich auch Dinge ein, wie jetzt. Sie sah sich aufmerksam um. Niemand verfolgte sie, außer ihre Erinnerungen.

Der Hund zerrte an der Leine. Lass uns endlich weitergehen, sollte das wahrscheinlich heißen. Doch sie reagierte nicht, zu sehr war sie in ihren Gedanken gefangen. Schließlich blieb der Hund stehen und schnüffelte nur ein wenig im Gras.

Ihre Mutter war vor vielen Jahren gestorben. Sie hatte die letzten Jahre in einem Pflegeheim gelebt. „Was für eine Mutter war das bloß?" fragte sie sich. Sie hatten keinen Kontakt gehabt, seit sie von Zuhause ausgezogen war. Sie hatte zugelassen, was er ihr angetan hatte. Sie hatte nur an sich selbst gedacht und ihre Tochter geopfert, um ihren Freund zu halten. „Sie muss es doch gemerkt haben", dachte sie. Johannes war schon vor einigen Jahren gestorben. Es hieß, er sei ein Schläger gewesen und bei einer Schlägerei sei er auch ums Leben gekommen. Sie hatte nie mit jemandem darüber geredet, nicht die Wunden erwähnt, die er ihr zugefügt hatte. Vielleicht hatte er seine eigenen gehabt. Sie fühlte nichts, wenn sie an ihn dachte, nicht einmal Hass. Sie gab sich selbst die Schuld, sie hätte sich doch wehren können, damals. Warum hatte sie es nicht getan? Johannes musste ja gedacht haben, dass sie es mag, wenn er sie anfasste, wenn sie sich nicht wehrte. Dabei hatte sie es mit stoischer Ruhe ertragen, seine Finger auf ihrem dünnen Nachthemd.

Sie warf einen Blick in den Himmel. Er war hoch, klar und von einem Blau, das zu knistern schien. Bei längerem Hinsehen wurde es kräftiger, kühler. Auf einmal sah sie eine andere Welt, eine Welt mit neuen Gesetzen. „Heute", dachte sie, „wäre ich stark genug, mich zu wehren und ihn anzuzeigen." Damals war sie es nicht. Heutzutage haben auch die Kinder Rechte. Sie erinnerte sich daran, dass sie in dem Haus in einer Souterrain-Wohnung gelebt hatten, sie hatte auf einmal das Bild im Kopf. Die Wohnung bestand aus einer Wohnküche und einem Schlafzimmer, dazu ein kleiner Raum, in dem sich das WC befand, der „Abort", mit einer Kette zum Dranziehen am Wasserkasten. Die Wohnung war winzig und stickig, die Wohnküche hatte ein kleines Fenster zur Straße, auf der Beine entlangliefen. Immerzu sahen sie nur Beine. Oft hatte sie ein Spiel daraus gemacht. Männerbeine und Frauenbeine konnte sie unterscheiden, doch war die dazugehörige Person jung oder alt? Und wie sah sie sonst aus? Was hatte sie an und wo ging sie hin? Vielleicht zur Arbeit oder in ein Zuhause, das nicht so ärmlich war wie das ihrige? Bei ihnen roch es ständig nach Fett und Kohlen und der Fußboden war braun-beige gefliest.

„Wie haben wir denn zu viert bloß dort wohnen können?", das fragte sie sich heute. Damals hatte sie sich das nicht gefragt. Es war eben so, wie es war. Sie schlief auf der Auszieh-Couch in der Wohnküche und musste es ertragen, dass es laut war und hell, weil die Familie noch dort versammelt saß, wenn sie zu Bett ging.

Ihre Oma war eine grauhaarige kleine, stille Frau in einer geblümten Kittelschürze. Sie hatte ihr hin und wieder übers Haar gestrichen oder ihre Zöpfe geflochten. Manchmal hatte sie auch Bohnen geputzt und dabei auf dem Stuhl gesessen, der unter dem Küchenfenster stand und dabei den Beinen zugesehen. Gesprochen hatte sie nie, aber Meta hatte das Gefühl, ihre Großmutter hatte sie verstanden. „Ob sie gewusst hat, was vor sich ging, wenn Johannes sich nachts zu ihr auf das Küchensofa legte? Ruhe hatte sie nur vor ihm, wenn er betrunken nach Hause kam. Oder wenn er abends, wenn sie noch wach war, mit Mama am Küchentisch saß und sie zusammen tranken. Dann schlief er sofort ein und begann zu schnarchen.

Oft träumte sie, aber das Tageslicht löschte ihre Träume. Sie schüttelte den Kopf, um die Gedanken zu vertreiben. Nein, man entkam seinen Gedanken und Gefühlen nicht, die Erinnerungen fanden einen immer. Aber man konnte sich dagegen in den Wind stellen. „Was geschehen ist, ist geschehen", dachte sie. „Und er lebt ja auch nicht mehr. Bei einer Schlägerei umgekommen. Geschieht ihm recht!"

Die Sonne schien. Es war eine warme Septembersonne, die aber schon die Kälte des Winters in sich trug.

Sie fasste die Hundeleine fester. Der Hund, der lange neben ihr stillgestanden hatte, merkte, dass es endlich weiterging und sprang an ihr hoch. „Komm, Finn", sagte sie und strich über das hellbraune Fell. Dann wandten sich beide um und gingen weiter bergan, das verfallene Haus mit den Erinnerungen im Rücken.

Es würde sowieso wahrscheinlich bald abgerissen werden.

Foto: Birgit Heymann

Claudia Liersch

Vintage

Es war die Zeit nach der Beendigung des Kampfes: Sportschau oder Daktari oder die Zeit, in der die grauen Telefone mit Wählscheibe gegen orangene beziehungsweise grüne Tastenapparate ausgetauscht wurden.

Fast jeden Samstagabend, kurz vor 18.00 Uhr, ging ich, den Kassettenrekorder unter dem Arm, mit einer Dose Tee bewaffnet, zu meiner Freundin Susanne. Sie wohnte im Haus gegenüber. Bis halb neun durfte ich zu ihr. Das war die Sendezeit der wöchentlichen Hitparade im lokalen Radiosender. Mein Kassettenrecorder war von Telefunken und hatte einen besonders vollen Klang mit regulierbaren Höhen und Tiefen für den damaligen, ultimativen Sound. Allerdings war er nicht gedacht für das Aufnehmen der Hitparade, sondern zum Lernen.

Mein Englischlehrer hatte am Elternabend das Sprachlabor der Schule vorgestellt. Die Nutzung dieses Raums, der durch die geburtenstarken Jahrgänge und die sich daraus ergebenden vielen Klassen stark überbelegt war, erschien ihm zu wenig. Deshalb legte er den Erziehungsberechtigten nahe, die Kassetten zum Englisch-Buch zu kaufen. Sie waren von Native Speakern besprochen und das stetige Hören würde den Schülerinnen und Schülern helfen, eine gute Aussprache zu bekommen. So verdankte ich meinem Englischlehrer den Telefunken-Kassettenrecorder, ein High-Tech-Gerät mit Klangregulierung und Stereo-Lautsprecher. Diese, allerdings, sind dem guten musikalischen Gehör meines Vaters geschuldet, der, so wie ich auch, diese einfachen orangenen Kunststoff-Kassettenrekorder, die sehr modern und verbreitet waren, nur als scheppernd wahrnahm.

Mit diesem guten Stück und einer froschgrünen BASF-Kassette Chrom, für die ich mein Taschengeld zusammengespart hatte, war ich stolz und freudig gestimmt samstags losgezogen. Für die Gemütlichkeit sorgte der Tee.

Es war auch die Zeit der aromatisierten Tees und der Räucherstäbchen. Fasziniert stand ich im damals neu eröffneten Teeladen, staunte über die Auswahl, wanderte mit den Augen entlang der Regale mit den vielen schwarzen Dosen, die mit roten Ornamenten und asiatischen Szenen verziert waren. Sehr exotisch. Der Geruch, der sich aus den Teedosen schlich und sich im kleinen Verkaufsraum zu einer betörenden, fast schon narkotisierenden Wolke addierte, war unvergleichlich. Die Auswahl war groß. Zur Kaufentscheidung fächerte mir die Verkäuferin so viele Düfte zu, dass ich vor lauter Schnuppern nicht mehr fähig war, etwas zu identifizieren. Wildkirsche, ich entschied mich für Wildkirsche, ein sehr beliebtes, intensives Aroma. Wurde der Tee aufgebrüht, parfümierte er den ganzen Raum, und wenn ich ihn trank, breiteten sich Wärme und ein sehr angenehmes Gefühl in mir aus. Ein Gefühl von einerseits Zufrieden- und Geborgenheit und anderseits von einer Energie und Lebensfreude, die mir die ganze Welt zu Füßen legte.

Susanne erwartete mich immer an der Haustür. Ihre Oma, die im Erdgeschoss wohnte, hatte es nicht gerne, wenn sie am Samstagabend bei ihrer Lieblingssendung durch Klingeln gestört wurde. Unter dem Dach hatte Susis Vater ihr ein neues Zimmer ausgebaut, das sie nicht mehr mit ihrer kleinen Schwester teilen musste. In einer Ecke haben wir aus alten, ausgemusterten, dreiteiligen Matratzen, teilweise vom Sperrmüll, ein Sofa gebaut. Dafür hatten wir im Handarbeitsunterricht eine Decke aus bunten Quadraten gehäkelt. Gegenüber stand ein Rattan-Schaukelstuhl, darunter ein zotteliger Flokatiteppich, mein Lieblingsplatz. Das Schaukeln zum Rhythmus der Musik entspannte. Apfelkisten dienten als Regale und Tisch. Diesen zierte eine Chianti-Korbflasche, die ringsum mit Wachstränen, die zu Rippen erstarrten, überzogen war. Für diesen Effekt steckte im Flaschenhals eine verschiedenfarbige spezielle Tropfkerze. Kerzenbeleuchtung empfanden wir als extrem romantisch, und das fühlte sich erwachsen an. Im Regalturm reihten sich in der unteren Etage Bücher, in der mittleren präsentierten sich das Teeservice aus Keramik und ein Stövchen. Daneben gesellten sich ein Räucherstäbchenhalter und ein Duftölspender. In der oberen Kiste lümmelten ein paar wenige Langspielplatten von internationalen Musikgruppen, lässig gekippt, an die Seite gelehnt. So hatten wir ein Reich, ganz für uns alleine. Wir fühlten uns gut, extrem modern, erwachsen und kosmopolitisch.

Susi hatte eine Stereo-Anlage, einen Dual-Plattenspieler mit Radio. Stereo bedeutete zwei Boxen, eine in der rechten, die andere in der linken Ecke des Raumes. Das war damals wirklich etwas Besonderes und bot ein absolut fantastisches Hörerlebnis. Denn bei manchen Stücken hörten wir die Musik von einem Lautsprecher zum anderen durch das Zimmer wandern. Das war sehr beeindruckend.

Die Anlage konnten wir mit einem fünfpoligen Kabel mit meinem Kassettenrecorder verbinden und so die Charts aufnehmen. Das Kabel verhinderte, dass die Nebengeräusche aus dem Zimmer mitaufgenommen wurden. So konnte uns nur noch der Radiomoderator in die Aufnahme quatschen. Es war sehr spannend und auch etwas aufregend, wer am Ende der Woche das Rennen gewann und auf Platz 1 der Charts stand. Susi führte Listen darüber.

Die beiden Seiten meiner BASF-Chrom-90-Minuten Kassette hatten wir irgendwann vollständig bespielt, eineinhalb Stunden Lieblingssongs aus der Hitparade und dazu noch Hits von Platten. Diese liehen wir uns in der Schule von anderen Freundinnen aus, mit dem Ziel, unsere eigene „Best of "-Kassette zusammenzustellen. Unsere Lieblingsgruppen waren damals Supertramp, Manfred Mann's Earth Band, Genesis und andere Bands, die den Teenagern von heute eher unbekannt sind oder die sie als „Retro" oder „Vintage" einstufen.

Hits wie „I know what I like and I like what I know..." , „I can see you in the morning, when you go to school..." oder „We had joy, we had fun, we had seasons in the sun..." hatten wir auf dem Band verewigt. So konnten wir sie jederzeit hören. Wir begleiteten die Songs auf der Kassette mit unseren Gitarren, sangen dazu, übersetzten die Texte und tanzten dazu bei mancher Party. Wir kannten ganz genau die Reihenfolge der Lieder und jedes war ein Ohrwurm.

Die grüne Kassette, begleitete mich sehr viele Jahre, zuletzt in meinem alten Auto, das noch ein Radio mit Kassettenfach hatte. Nachdem CD-Player diese Technik verdrängten, war dies die einzige Möglichkeit, sie zu hören. Sie knatterte und rauschte. Ab und zu gab es Bandsalat. Aber sobald ich sie hörte, roch ich das unvergleichliche Wildkirschteearoma. Meine Füße begannen zu wippen, mein Körper schaukelte im Rhythmus, ein wunderbares Gefühl, gepaart mit neuer Energie und viel guter Laune, durchzog meinen Körper und ich sang mit viel Freude lauthals mit.

Collage: Claudia Liersch

Gernot Sander

Chaco Canyon

Ich war 1971 zu Besuch bei meiner Schwester in Albuquerque und hatte tagsüber Zeit für mich. Zufällig las ich in einem Bildband über New Mexico von einem bequem erreichbaren Ort namens Chaco Canyon und beschloss, diesem einen Besuch abzustatten.

Nach über einer Stunde Autofahrt erreichte ich den Abzweig zur Gedenkstätte. Die Schotterpiste zum Chaco Canyon führte vom Hochplateau in sanften Schwüngen abwärts. Vielleicht war es der warme Wüstenwind, der mir durch die offenen Autofenster entgegenschlug, jedenfalls kam ich plötzlich in eine träumerische Stimmung, so als erwarte mich etwas Besonderes. Dieses Gefühl verstärkte sich mit jedem Kilometer, den ich tiefer vordrang, bis sich vor meinem Blick das weite Tal öffnete und den Blick auf die Pueblo-Ruinen freigab.

Foto: Gernot Sander

Ich verbrachte einige Stunden damit, die alten Gemäuer zu durchwandern. Eine der Kivas hatte man wieder mit einem Dach versehen, welches nur wenig über die Umgebung ragte. Ich stieg die Leiter durch die schmale Öffnung hinunter und stellte mir vor, wie damals im 13. Jahrhundert hier ein Feuer brannte und die Männer der Anasazi auf den Steinbänken rings um das Rondell saßen, denn nur diese durften sich an diesen heiligen Orten aufhalten. Licht drang nur durch die Einstiegsluke. Es fühlte sich an, als säße ich geborgen im Schoß von Mutter Erde.

Foto: Große Kiva 1971   *Gernot Sander*

Bei der Lektüre der ausliegenden Informationsblätter stieß ich auf eine Beschreibung, die mir die Vergangenheit plötzlich so lebendig machte, als sei ich dabeigewesen. Es hieß dort, die Anasazi hätten einen großen Stein, der auf eines der Pueblos herabzustürzen drohte, immer wieder mit starken Baumstämmen abgestützt, um das zu verhindern, und das sei ihnen, so lange sie dort waren, auch gelungen.

Wieder draußen, sah ich mir die Stelle an, wo der riesige Fels später tatsächlich das Gebäude zertrümmert hatte, und in dem Moment (oder schon vorher, ich weiß es nicht mehr genau) überkam mich mit einem Mal tiefes Mitgefühl mit diesen Menschen, die ihre Heimat so sehr geliebt hatten; ich hörte plötzlich in meiner

Phantasie Kinderstimmen, fröhliches Lachen, Laute, die sich an-
fühlten, als nähme ich sie in diesem Augenblick wahr. Diese Emp-
findung war so intensiv, dass mir meine Phantasie ganz real vor-
kam und es auch in der Erinnerung blieb

Auf die Gefahr hin, als Spinner dazustehen, habe ich nach wie
vor das Gefühl, dass ich die Gegenwart der Anasazi-Kinder tat-
sächlich gespürt habe. Es war das erste Mal, dass ich übergangslos
von einem derart mächtigen Gefühl überrollt wurde. Lange habe
ich diesen Tag als den schönsten in meinem Leben betrachtet.

Ruth Finckh

Kartoffelfeuer

Kindheit hängt in der Luft:
Beißende Schwaden
Nahrhaft und herb, dieser
Geruch nach Feldern,
Herbst und Abend und
nach jungem sprachlosem Warten.
Nein.
Frag nicht, ich hab nur
Rauch in den Augen.

Birgit Heymann

Der Papiercontainer

P: Herr Krieger, Sie sahen also, wie sich Altpapier auf der Straße verteilte und erst dann, dass der Container gebrannt hat.

K: Ja, ich bin auf den Papiercontainer zu, der war 'n ganzes Stück vor mir auf der rechten Seite. Die Häuser liegen da bisschen zurück von der Straße.

P: Welche Farbe hatte denn der Rauch? War er eher schwarz oder braun?

K: Das kann ich nich mehr genau sagen, weil ich geseh'n hab', dass auch 'n paar geparkte Autos demoliert warn, auch richtig teure ... 'n Porsche war auch dabei. ,Heidewitzka! Die werden sich noch freuen!', hab' ich gedacht. An manchen waren waagrechte lange Kratzer. And're hatten zerstochene Reifen.

P: Können Sie sich noch daran erinnern, ob die Kratzer sich auf der rechten oder der linken Seite der Autos befunden haben?

K: Ich war auf der rechten Straßenseite, wo auch der Container brannte, und die Autos standen ja in Fahrtrichtung geparkt. Also hab' ich die Kratzer an der rechten Seite der Autos gesehen. Wobei – ich kann ja nich ausschließen, dass links auch welche waren. Die hätt' ich ja nich gesehen.

P: Gut, dass Sie das so sagen, Herr Krieger. Könnte es auch sein, dass die Autoreifen ausschließlich auf der linken Seite zerstochen waren?

K: Also, Sie stellen vielleicht Fragen!

P: Ja, Herr Krieger, die Fragen stelle ich hier. Das verstehen Sie völlig richtig.

91

K: Ob die Reifen nur links platt waren? Keine Ahnung. Darauf hab' ich nich geachtet. Aber wo Sie „links" sagen, fällt mir ein, dass ich wirklich gedacht hab': ‚War'n wohl wieder so'n paar Linke unterwegs ...'

War irgendwann mal in derselben Straße, da kam `n ganzer schwarzer Block, alle mit so schwarzen Kapuzenpullis und haben gebrüllt. Dachte: ‚Wenn da jetzt mal einer `n Stein wirft...' – Komisch, dass das gestern wieder an derselben Stelle war!

P: Es waren also Linke, meinen Sie?

K: Damals waren das Linke. ... Aber gestern war ja niemand mehr zu sehen. Können genauso gut Rechte gewesen sein.

P: Sind Sie sich da sicher, Herr Krieger?

K: Also, das macht ja nun im Endeffekt auch kein' Unterschied: Linke zerkratzen Autos ja nich nur links. – Und Rechte... also, wenn die den Container anzünden, brennt der ja nich anders, als wenn Linke ihn anzünden. – Das wär' ja verrückt.

P: Ist es Ihnen also völlig egal, ob das jetzt Rechte oder Linke gemacht haben?

K: Also, ja – nee. Wie soll ich sagen... – So, wie Sie das sagen, ist mir das irgendwie zu kompliziert. Von dem ganzen „rechts" und „links" werd' ich ja schon ganz wirr im Koppe.

P: Haben Sie außerdem noch was Wichtiges beobachtet?

K: Jedenfalls bin ich dann weiter und hab' die Straßenseite gewechselt, um wegzukommen. Weil der Rauch mir so in den Augen gebrannt hat und ich auch husten musste. War ja schon bisschen dunkel.

Und da seh' ich plötzlich: Da liegt jemand.

P: Wo liegt jemand?

K: Auf der Straße. Und hat so ganz leise gestöhnt.

P: Lag die Person links von den Autos?

K: Also, ehrlich gesagt: Erst als ich auf der linken Straßenseite weitergegangen bin, hör' ich was hinter mir. Ich dreh' mich um, und der Mann lag dann aus meiner Sicht auf der Straße rechts von den geparkten Autos.

P: Sind Sie sich da wirklich sicher?

K: Ja, ganz sicher. Weil ich dann nämlich zurückgegangen bin.

Ich dachte, vielleicht braucht er Hilfe.

P: Haben Sie dem Mann geholfen?

K: Nee. Da war schon jemand. Also zwei, hier aus Ihrem Verein.

P: Zwei Polizisten? Hmm – hier liegt außer Ihrer bisher noch keine Aussage vor.

K: Klar. Die hab ich doch gesehen. Knieten beide rechts von ihm, auf der Straße, weil links ja die ganzen Autos standen. Alles zugeparkt. Wer da lag, konnt' ich darum noch nich sehen. Nur die Turnschuhe, die er anhatte. Noch so schön weiß. –

Bin dann weitergegangen zu meinem Kumpel, kurz was vorbeibringen, zwei Straßen weiter. Wohnt ganz oben unterm Dach, also links oben. – Dann bin ich zurück. Und da liegt der da immer noch! War aber kein and'rer mehr da.

P: Wo lag der Mann genau?

K: Also rechts von den Autos, wenn Sie schon so fragen, an derselben Stelle. Ich Handytaschenlampe raus. Sah aus wie `n

Flüchtling. Hatte noch Puls, war aber bewusstlos. Hab' über Handy dann Notruf. Knapp zehn Minuten, war'n die da. Auf dem Weg ins Krankenhaus isser dann gestorben. Hatten mich angerufen.

P: Danke, Herr Krieger. Ich nehme das zu Protokoll. Keine weiteren Fragen.

In einer kleinen Notiz der Lokalzeitung stand, dass es viele Anzeigen wegen beschädigter Autos und eine wegen eines brennenden Papiercontainers gegeben habe, der von der Feuerwehr frühmorgens noch gelöscht worden war.
Erwin Krieger legte die Zeitung aus der Hand. Er erinnerte sich wieder an den beißenden Brandgeruch in der Nacht und musste unwillkürlich husten.
„Das stinkt doch zum Himmel", knurrte er. Dann nahm er seine Jacke und machte sich auf den Weg.

Als die Geschichte im Land die Runde machte, waren sich viele im Westen sicher, so etwas könne sich ja nur im Osten ereignet haben. Im Osten aber war man überzeugt, dass sich all dies sicherlich im Westen zugetragen habe.

Ruth Finckh

Flieder

Fliederduft, mächtig, sprang
mir in den Weg, als ich
die Treppe zum Garten
nahm.
Ja, gesehen
hatte ich purpurne Knospen, gestern
noch fest geschlossen
im Schatten der Wand.
Doch nun plötzlich
ist es soweit und der Duft,
größer als ich, fällt mich an,
packt mich am Hals und ich folge
widerstandslos sommerwärts.

Bild: Garten   *Tatjana Josipovic*

Claudia Liersch
Cappuccetto Rosso
Ein modernes Märchen

Es war einmal ein herrlicher Frühlingstag am Lago Maggiore. Der blaue Himmel ist fast leergefegt. Nur wenige weißgewaschene Wölkchen schweben dekorativ darauf und blitzen mit der Sonne um die Wette. Giulietta Laghetti fährt mit ihrem kleinen roten Sportwagen die engen Serpentinen vom See zum Dorf ihrer Großmutter. Rot ist bei Giulietta Programm. Jedermann erkennt sie an ihrer roten Baseball-Cap, aus der hinten keck ihr langer Pferdeschwanz herausschaut. Die rote Cap war ein Geschenk ihres Vaters, der leider sehr früh verstorben ist, zu ihrem fünften Geburtstag. Seither war sie ihr Markenzeichen. Die Original-Cap hat einen Ehrenplatz in ihrem Büro und immer, wenn sie ein Duplikat der Ferrari-Mütze sieht, kauft sie sich eine neue. Selbst am Rückspiegel ihres roten Cabriolets hängt als Maskottchen eine kleine gelbe Quietscheente mit roter Cap. Der verdankte sie ihren Spitznamen Cappuccetto Rosso, was auf Deutsch Rotkäppchen bedeutet.

Während sie so dahinswingt, genießt sie den Fahrtwind, der die Haare ihres Pferdeschwanzes sanft über ihre schon etwas gebräunte Haut an der Schulter und im Nacken streicheln lässt und kühlt. Die Duftwolken, besonders die des Jasmins, der gerade im Piemont zu blühen beginnt, schleichen sich immer wieder in ihre Nase. Das Spiel des Lichtes mit dem Schatten der Bäume, den sie sofort auf ihrer Haut spürt, fasziniert sie an solchen sonnigen Tagen besonders.

Oben im Dorf, das auf einer Sonnenterrasse hoch über dem Lago Maggiore thront, wohnt ihre Familie in einer typisch italienischen Villa mit Turm und obligater Terrasse, mit Blick über den See bis zu den noch mit Schneehauben bedeckten Schweizer Bergen.

Heute Morgen war Markt und sie bringt der Großmutter die Einkäufe, frische Zitronen von der Amalfiküste, Bresaola, San Daniele Schinken, Fenchelsalami, eingelegte Oliven, Artischocken und getrocknete, von der Sonne verwöhnte Tomaten, frischen Rucola-Salat und Käse. Sie freut sich jetzt schon auf die Antipasti-Platte, die ihre Nonna zum Apéro zaubern wird.

Foto: Claudia Liersch

Zurzeit plagt ihre Großmutter ein Hühnerauge, sodass sie selbst keine Lust hat, über den Markt zu schlendern. Außerdem bereitet ihrer Großmutter die Maske, die sie präventiv zur Verhinderung der Ausbreitung von Corona tragen muss, Atemnot. Sie bleibt in diesen Tagen lieber zuhause. Hier fühlt sie sich auch insgesamt sicherer, besonders vor dieser schrecklichen Krankheit. Giulietta weiß, dass sich ihre Großmutter freut, wenn sie sich um sie kümmert, und sie genießen es beide, mit der Familie die Zeit des Apéro am frühen Abend auf der Terrasse zu verbringen.

Während sie die Kehren hochkurbelt, sieht sie plötzlich zwei Mountainbike-Fahrer in bunten Fahrradklamotten und Helmen mit Visier neben ihren Rädern verschwitzt und durstig am Straßenrand sitzen. Giulietta schmunzelt über die zwei etwas hilflos Wirkenden, die versuchen, Autos zu stoppen, um Hilfe zu bekommen. Sollen doch die Silhouetten von Wolf und Fuchs auf ihren Trikots Stärke und Schläue symbolisieren. Beide wirken jedoch eher ratlos und müde von der steilen Auffahrt.

Doch es sieht so aus, als hätten sie eine Panne. Giulietta hält an, streicht ihre Haare aus dem Gesicht, hebt ihre Sonnenbrille, setzt sie elegant auf ihre Cap ab und fragt freundlich nach, ob sie helfen könne.

„Wir haben einen Platten gefahren", sagt der eine junge Mann, auf dessen Trikot die Umrisse des Wolfskopfes zu sehen sind.

„Lasst mich mal nach dem Reifen schauen", erwidert Giulietta. „Meiner Familie gehört das Fahrradgeschäft unten am See. Ich habe schon als kleines Mädchen in der Werkstatt assistiert. Falls ihr Werkzeug und Ersatzmantel dabeihabt, kann ich euch helfen".

„Wir haben bei dem Fahrradverleih die entsprechende Ausrüstung bekommen", berichtet der andere junge Mann stolz, dessen Trikot das Konterfei eines Fuchses zeigt. Er setzt sich in Position, strafft seine Muskeln und ergänzt mit treuherzigem Dackelblick: „Allerdings traue ich mir einen Reifenwechsel nicht zu."

„Lasst mich mal ran, das haben wir in null Komma nichts erledigt." Mit flinken Handgriffen repariert Giulietta das Fahrrad.

„Jetzt hast du dir aber einen schönen, großen Blumenstrauß verdient", freut sich der Biker mit dem Wolftrikot über ihre gelungene Reparatur.

„Lass es gut sein, hier oben gibt es kein Blumengeschäft. Es freut mich, dass ich helfen konnte. Ich bin auf dem Weg zu meiner Großmutter. Sie ist alleine oben in der großen Villa mit dem Turm und ich bringe ihr die Einkäufe für das Familientreffen heute Abend vorbei. Ich muss mich beeilen, weil ich noch zur Arbeit muss. Aber, ihr habt recht! Das ist eine gute Idee, über einen Blumenstrauß würde sich meine Nonna sicherlich freuen. Ich werde ihr einen pflücken, ich kenne auf dem Weg eine Bergwiese, die zurzeit voll in Blüte steht. Ich wünsche euch weiterhin einen schönen Urlaub hier am Lago und viel Vergnügen auf eurer Radtour."

Giulietta winkt und steigt in ihren kleinen roten Flitzer ein. Zwei Kehren weiter fährt sie einen kleinen Umweg, um an der Wiese zu parken. Margerite, Rotklee, pinke Lichtnelke, Schafgarbe, weiße Sternlilie, blauer Wiesensalbei blühen hier mit den verschiedensten Gräsern um die Wette. Mit Freude pflückt sie ihren farbenprächtigen Strauß.

Als sie in der Auffahrt vor dem Haus parkt, hupt sie kurz zur Begrüßung. Fast schon erwartend sieht sie die beiden Mountainbikes an der Mauer angelehnt. Sie steigt aus und ruft: „Nonna, Nonna, wo bist du?" Keine Antwort. Sie zückt ihr Handy und telefoniert.

Umsichtig geht sie zum Haus. Durch die großen Glasscheiben sieht sie ihre Großmutter schlafend auf dem Sofa liegen und davor drei Gläser und eine Karaffe mit Wasser. Sie telefoniert wieder.

Sie schleicht sich auf Zehen ins Haus und stellt nahezu lautlos die Einkäufe in die Küche. Dann schaut sie durch den Schlitz der angelehnten Tür ins Wohnzimmer. Nonna schläft tief und fest. Giulietta geht nach oben in die Zimmer. Jetzt hört sie ein leises Rascheln. Sie wirft ein Glas, das sie aus der Küche mitgebracht hat, absichtlich auf den Boden, sodass es in tausend Scherben zerbricht und laut scheppert. Wie angewurzelt bleibt sie stehen, lauert, ihre Augen wandern von Tür zu Tür. Sie wartet.

Langsam öffnet sich Nonnas Schlafzimmertür und einer der Mountainbiker schaut heraus. Katzengleich springt Giulietta ab, überwältigt mit gezielten Karategriffen den jungen Mann und fesselt ihn mit einem Stück Wäscheleine. Von den Geräuschen alarmiert, versucht der Zweite zu fliehen. Giulietta rennt hinter ihm her und kann ihn durch einen kräftigen Stoß zum Stolpern bringen. Er wehrt sich, will flüchten, schafft es jedoch nicht, aufzustehen. Giulietta ist flinker. Das stetige Kampfsporttraining zahlt sich aus. Sie gewinnt sofort die Oberhand, kann ihr Knie in seinen Rücken stemmen. Es gelingt ihr, den Arm zu beugen und nach hinten zu ziehen. Vor Schmerz schreit der junge Mann auf und Giulietta fesselt ihn ebenfalls.

Bevor sie etwas sagen kann, ertönt das Martinshorn der Polizei. Quietschend hält das Auto vor dem Haus und zwei Carabinieri eilen ihr zur Hilfe.

Die zwei Radfahrer schauen sich verwundert an.

„Was soll das?", schreit der eine empört.

Giulietta richtet sich siegesbewusst und selbstsicher vor ihnen auf:

„Entschuldigung, ich habe mich gar nicht vorgestellt. Mein Name ist Giulietta Laghetti, Commisario bei der hiesigen Polizei. Ich habe eure Masche sofort durchschaut. Wir suchen euch schon lange. Ihr spielt die erschöpften Sportler, bittet ältere Damen um Wasser! In das Glas eurer Gastgeberinnen gebt ihr K.O.-Tropfen rein. Ich bin mir sicher, die Spurensicherung findet sie auch hier. Während euer Opfer schläft, raubt ihr das Haus aus. Mein siebter Sinn hat sich sofort gemeldet, als ich bei der Panne geholfen habe. Ich habe euch absichtlich hierhergelockt, und als Nonna sich auf mein Hupen nicht gemeldet hat, war alles klar. Ja, meine Herren, ich habe nur eins und eins zusammengezählt und sofort meine Kollegen verständigt. Hiermit verhafte ich Sie im Namen des Gesetzes. Bitte Carabinieri, erledigen Sie die Formalitäten."

In modernen Märchen nimmt Rotkäppchen die Sache selbst in die Hand. Und wenn sie nicht gestorben sind, sitzen sie heute Abend auf der Terrasse beim Apéro und genießen den Blick auf die glühenden Schweizer Berge.

Foto: Claudia Liersch

Jonas Richter

ode, sinnlos

unter den fittichen
bruten der hitze
mutter schluckt korn
gluck gluck
gelost
zahlt nicht
haut mich
aus schalen

in dir ertrank ich
schmerz
stille bluten
federleicht
im wasser des labens
tran rinnt
schwimmt

schatz es war besser
wir vermahlten uns
laute glocken

traum schon

tausche sinne
gegen umlaute

Samira Belmonte

Wie Harz und feuchte Wälder

Vielleicht lag es daran, dass er im Wald am Rande des Dorfs gewesen war, bevor sie ihn das erste Mal zu sich einlud, oder daran, dass er mit Vorliebe braune und grüne Kleidung trug und draußen manchmal mit den Farben der Natur verschmolz. Die Nadelhölzer mit ihrem würzigen Harz und die vom Regen getränkte Erde des Waldes, den ihre Kutsche durchquerte, riefen ihr sein Gesicht so einprägsam ins Gedächtnis, dass er genauso gut auch vor ihr hätte sitzen können. Sie presste die Hände auf ihre Brust und atmete schwer, öffnete das Fenster und keuchte dann, als die duftgesättigte Luft ihre Kabine flutete. Martél taumelte zurück in die Lehne und brauchte mehrere Atemzüge, um ihr wild um sich schlagendes Herz wieder zu beruhigen. Leider half es nicht, die Augen zu schließen, und Martél wunderte sich wieder einmal über die Gewalt des Gefühls, die ein bloßer Duft in ihr auszulösen vermochte.

Ihre Neugier war es letztlich, die ihrem Herz die nötige Ablenkung gewährte, immerhin war es nicht das erste Mal, dass bestimmte Gerüche besondere Erinnerungen und Gefühle hervorriefen. Weihrauch ließ ihr das Mark in den Knochen gefrieren und der Duft von Nelken und Orangen erinnerte sie an den Winter, obwohl sie die Öle meist im Sommer als Schutz gegen lästige Wespen einsetzte. Diese Angewohnheit sorgte im Winter häufig dafür, dass sie sich ein mit Nelken und Orangenölen getränktes Tuch in die Tasche steckte, wenn sie in den Garten ging und sich erst später erinnerte, dass Wespen im Winter nicht herumflogen.

Mit dem Duft der Nadelwälder hatte sie nie etwas anderes verbunden als eben diese Wälder. Und wenn sie ehrlich war, war ihr nie aufgefallen, wie er roch, sie hätte es zumindest nicht sagen können, wenn man sie danach gefragt hätte. Bis eben. Interessant.

Martél zückte ihr Notizheft und schlug die nächste leere Seite auf, auf der sie zu Schreiben begann:

Für D.

Nadelhölzer, Harz, nasse Erde? Wie kann ich diesen Duft nachbilden?

Seife oder Wasser?

Vielleicht etwas ganz anderes?, notierte sie sich und sah aus dem Fenster. Eigentlich war es nicht anders, als einen persönlichen Duft zu erstellen, dachte sie sich, mit dem Unterschied, dass sie normalerweise mit der Persönlichkeit begann und nicht mit dem Duft. Und dass nicht der Duft den Menschen wählte, sondern sie den Duft für den speziellen Menschen suchte.

Martél klopfte an die Vorderwand der Kabine und der Kutscher öffnete das kleine Visier.

„Ich möchte die Aussicht noch etwas genießen, zügle bitte die Pferde."

Der Kutscher antwortete und Martél spürte, wie sie langsamer wurden. Die schwer hängenden Äste der Tannen und Kiefern eilten nicht mehr an ihr vorbei und sie konnte die einzelnen Zweige nun besser erkennen. Sie atmete tief ein und lehnte sich zurück. Zuhause müsste alles für ihr Vorhaben stehen und die Lektüre, mit der sie sich die Zeit vertrieben hatte, hatte durch das überwältigende Gefühl, von dem sie eben ergriffen wurde, ihren Reiz verloren. Die Kutsche ruckelte unter ihr, lenkte ihre Gedanken in eine unerhörte Richtung und wühlte sie und ihr Herz von Neuem auf. Es hüpfte und schlug mit einer Eindringlichkeit, die ihren ganzen Körper in Schwingung versetzte. Sie streckte den Kopf aus dem Fenster, die Kutsche war erst vor einigen Minuten in den Wald gefahren, aber bereits jetzt war nichts mehr von der gewohnten Welt da draußen zu sehen, ein Baum gab den Blick auf den nächsten preis und weit und breit war keine Menschenseele außer ihr und dem Kutscher.

Martél zog den Kopf zurück in die Kabine, schloss das Fenster und sank in die Lehne ihrer Bank. Dann entschied sie sich, das Fenster doch wieder zu öffnen und seufzte, als der herbe Tannenduft erneut intensiver wurde. Fasziniert stellte sie fest, dass nun, da sie es zuließ, sich derart von dem Duft umgarnen zu lassen, ihr fast panisches Herzklopfen einer anderen Empfindung, nein, einem Verlangen gewichen war. Der Teil in ihr, der sich genierte, regte sich und wollte so gerne aufbegehren, doch wie konnte er das, wenn dieser Hunger Martéls Bewusstsein völlig überlagerte und danach verlangte, gestillt zu werden. Sie vergrub das Gesicht in ihren Händen und zwischen den vielen Blitzen vor ihrem inneren Auge tauchte sein Gesicht wieder auf, ein verschmitztes Grinsen auf den Lippen. Er zuckte mit den Schultern und mit der Bewegung erschien der Rest seines Körpers in ihrem Geiste, wie er gelassen vor ihr saß und sich ihr beim Vorlesen zugeneigt hatte. Sein Zopf hing ihm wie immer träge auf der Schulter und das Band hatte sich gelockert, so dass es seine langen Haare gerade noch zusammenhielt.

Die Erinnerung daran, wie seine moosgrünen Augen durch sein Kastanienhaar zu ihr hinaufsahen, bevor sie sich senkten und Martél seinen Kuss empfing, machten die Kutsche vergessen und ebenso jedes sittliche Benehmen einer jungen Dame.

Sie klopfte erneut um die Aufmerksamkeit des Kutschers, der sogleich reagierte.

„Schneller, Fräulein?"

Sie grinste ihn an: „Schneller."

Der Kutscher nickte und schloss das Visier. Martél hörte, wie er die Pferde anspornte. Sie trabten los und pressten Martél keuchend in die Lehne ihrer Bank. Ihre Hände wanderten ihren Körper herab, jeder Atemzug erfüllte Martél mit seinem betörenden Duft und fachte ihr leidenschaftliches Glühen weiter an. Das Schmatzen der Pferdehufe im feuchten Boden und das Ruckeln und Knarren der Kutsche übertönten das Rascheln und Knistern ihres Rockes und das Seufzen, das sich trotz aller Mühe, leise zu sein, in die Freiheit drängte, als ihre Hände endlich fanden, was sie suchten.

Bild: Tannenduft   *Samira Belmonte*

Samira Belmonte

Harz und Waldes Feuchte

Der Tannen tief hängend Geäst das Haar auf Deinem Kopf
Ihr Harz und des Bodens Feuchte der Duft Deiner Lust
Bist Du hier bei mir, kommst näher.
Der Wind im Gezweig Dein Atem auf meiner Haut,
Schatten umgarnt mich, zieht mich fester in das Moosbett.
Der Vögel Zwitschern Deine Stimme.
Du rufst nach mir und folgen will ich, mich Dir geben.
Meine Hände suchen Dich und finden doch nur mich.
Jede Berührung ein Schauer und schwere Tropfen bilden einen
Quell.
Ich will der Bach sein, der sich tief durch Deinen Wald zieht.
Der Biene Honig, harzig, süß, Geschmack deiner Lippen.
Sehnsucht sucht die Leere in mir zu füllen
Doch kann ich Dich nicht finden und so bleiben mir
Einzig meine Hände
Und Dein Duft der mich umhüllt
Und gänzlich mich erfüllt.

Michael Groß

Wein und Silber

Etwas gluckert. Ganz dicht an seinem Ohr. Himmel! War er ein-
geschlafen? Mitten auf dem Fluss? Er sollte besser aufpassen, wo-
hin das Boot treibt! Hier liegen Felsen und Baumstämme im Was-
ser, an denen das Boot Leck schlagen kann! Aber es war so verlo-
ckend gewesen. Nur den sechsten Teil einer Stunde, das konnten
die Götter doch erlauben, oder nicht?

Spätnachmittags hatte die Sonne ihre sengende Kraft verloren,
die Berge mit den Stromschnellen lagen hinter ihm, und das tür-
kisgrüne Wasser des Flusses war ruhig geworden. Träge wälzte er
sich durch die trockene, sandbraune, manchmal auch felsige
Landschaft. Ab und zu säumten ihn sandige Ufer oder kleine Aue-
wäldchen.

Alle paar Stunden glitten sie an einem Weiler vorbei, ein paar
Lehmhütten, die Dächer mit krummen Ästen und Schilf gedeckt.
Männer mit Netzen standen hüfttief im Wasser, Frauen wuschen
Wäsche am Ufer, Kinder johlten und spielten am Strand. Manche
blickten herüber. Maruk grüßte, sie hoben die Hand und winkten.
Abgesehen vom Hundegebell und dem Geschrei der Kinder war es
wunderbar still und friedlich.

Das träge Treiben auf dem Fluss hatte Maruk schläfrig ge-
macht. Jetzt aber bewegte sich der Esel, auf dessen Bauch er sei-
nen Kopf gelegt hatte. Das Glucksen im Bauch des Tieres war es,
das ihn geweckt hatte. Der Esel räkelte sich und hob den Kopf, um
eine bequemere Lage zu finden. Er musste liegen, denn Maruk
hatte ihm die Fesseln mit Stricken zusammengebunden. Wenn er
nicht achtgab, konnten seine spitzen Hufe die Bootshaut beschä-
digen oder die Krüge zerschlagen; das musste unbedingt vermie-
den werden.

Zum ersten Mal hatte er Rafi mitgenommen, seinen Sohn. Mit seinen zwölf Jahren war er nun alt genug für die Fahrt. Ein Paddel und eine lange Stange hatte er ihm in die Hand gedrückt und ihm eingeschärft, das Boot nur ja in der Mitte des Flusses zu halten und den Baumstämmen und Felsen auszuweichen. Aber Rafi lag der Länge nach rücklings auf dem Boden und schnarchte. Das Paddel lag quer über ihm. Maruk schüttelte den Kopf, aber dann lächelte er. War er selber nicht auch eingeschlafen?

Maruk versicherte sich, dass das Boot in der Mitte des Stromes trieb, dann blickte er nach oben. In wenigen Stunden würde Utu seine Fahrt vollendet haben und seine letzten Strahlen vom Himmel schicken. Zeit, sich einen Lagerplatz zu suchen! Er weckte Rafi, machte dabei ein betont vorwurfsvolles Gesicht und grunzte tadelnd. Aber im Grunde seines Herzens war er froh. Rafi war ein fixes, geschicktes Kerlchen, das ihn, den Vater, gut würde vertreten können, wenn er selber zu alt geworden wäre für die Reise. Mehr als drei Monde würden sie unterwegs sein. Und bis zur Stadt waren es noch mindestens vierzehn Tage.

Endlich tauchte eine kleine Sandbank vor ihnen auf. Gemeinsam paddelten und stakten sie das schwere Boot mit seiner kostbaren Ladung aus der Strömung, dann sprangen sie ins hüfttiefe Wasser und zogen es, so weit sie konnten, auf Land. Während Maruk das Boot an einem Baum vertäute, löste Rafi dem Esel die Fesseln und führte ihn über eine Planke von Bord. Kaum an Land, bockte das Tier und sprang herum. Es warf den Kopf, schüttelte Beine und Mähne aus, dann legte es sich auf den Boden und wälzte sich mit großem Behagen. Rafi hatte einen besonders langen Strick gewählt, mit dem er das Tier an eine Baumwurzel band. Sofort begann der Esel zu grasen.

Maruk hatte unterdessen trockenes Schilf und ein paar Zweige gesammelt und mühte sich, ein Feuer zu machen. Keine zehn Minuten später knisterten die ersten Flämmchen aus dem Reisig.

Während Maruk die beiden Kaninchen häutete, die er am Vormittag in einem Weiler erstanden hatte, huschte Rafi durch den Busch und stellte ein paar Fallen auf. Mit etwas Glück würden sie vielleicht Tauben fangen, Leckerbissen für den nächsten Tag. Es war schon dunkel, als Maruk auf einem flachen Stein, den er ins Feuer gelegt hatte, Fladenbrote buk. Dann rollten sie sich in ihre Decken und überließen sich dem Schlaf. Die knusprig gerösteten, mit Salz und Knoblauchöl bestrichenen Kaninchen hatten vorzüglich geschmeckt.

Mit diesem herrlich freien Leben vergingen die Tage. Tagsüber ließen sie ihr Boot den Fluss hinuntertreiben, spätnachmittags gingen sie an Land und versorgten sich und den Esel. Vorräte hatten sie genug dabei: Datteln, Melonen, Erbsen, Linsen, Trockenfrüchte, Mehl, Salz, Sonnenblumenkerne, Nüsse, sogar ein kleines Gefäß mit Honig. Und Rafi stellte sich immer geschickter an, wenn es darum ging, ein paar Fische für den Abend zu fangen. Maruk hatte ihm gezeigt, wie man mit einer Steinklinge einen Angelhaken aus einem Knochen schnitzt, sogar eine kleine Harpune hatte er ihm gefertigt. Rafi seinerseits war stolz auf seinen selbstgebauten Haselruten-Bogen, mit dem er schon manch fette Bisamratte erlegt hatte. Auch gab es Enten hier am Fluss. Nein, verhungern mussten sie wahrhaftig nicht!

Das Boot hatte Maruk eigenhändig gefertigt. Es war ein großes, rundes Korbboot von fast sechs Metern Durchmesser und anderthalb Metern Höhe. Holzrippen, sternförmig vom Nabel aus verlegt, bildeten einen stabilen, an den Rändern nach oben gebogenen Rahmen, auf den zusammengenähte, mit heißem Talg getränkte Ziegenhäute gespannt waren. Der Rahmen war durch zahlreiche Streben verstärkt. Der Boden im Boot bestand aus einer doppelten Lage armdicker Stämmchen, dicht an dicht verlegt und kreuzweise fest miteinander verzurrt. Darauf lag eine dicke Schicht Schilfblätter. So konnte das Boot erstaunlich schwere Lasten tragen.

Má-gur hießen diese Boote. Man sah sie in allen möglichen Größen und Formen auf dem Fluss. Wer keine Ziegen besaß oder sich Ziegenfell nicht leisten konnte, der fertigte die Bootshaut aus fingerdickem Palmseil, das wie bei einem Flechtkorb rund und rund um das Holzgestell geschlungen wurde, jede einzelne Lage fest mit der vorhergehenden vernäht. Ein solches Boot konnte viele Jahre halten, wenn es mit Teer abgedichtet und nach Gebrauch immer wieder an Land getrocknet wurde. Da Pflanzenfasern im Wasser ein wenig quellen, waren die Boote auch ohne Bitumen nahezu wasserdicht.

Maruk's Bootsladung bestand hauptsächlich aus Wein, gelagert in großen, versiegelten Tonkrügen. In seinem Heimatdorf, im fruchtbaren Land Haran, waren viele Nachbarn Weinbauern. Im Laufe der Jahrhunderte hatten sie es hinsichtlich des Anbaus und der Kelterei zu großem Geschick gebracht. In gemauerten Becken wurden die frisch geernteten Trauben mit den Füßen zerstampft; eine Arbeit, die traditionell jungen Mädchen zustand. Dass der Wein desto besser geriet, wenn die Mädchen dabei hineinpinkelten, blieb ein streng gehütetes Geheimnis der Dorfbewohner. Sie konnten sich totlachen, wenn sie sich vorstellten, wie der Wein dann bei Hofe kredenzt und getrunken wurde.

Den zertretenen Fruchtbrei füllte man in große, bis zum Rand in kühle Erde gesetzte Tonkrüge, wo er alsbald zu blubbern und zu schäumen begann. Der Schaum verdichtete sich und schloss die Maische von der Luft ab, woraufhin sie zu gären begann und berauschenden Alkohol bildete. Nach acht bis zehn Wochen war der Wein fertig und konnte in Transportkrüge gefüllt werden, wo er sich erstaunlich lange hielt, vorausgesetzt, man verschloss sie gut mit feuchtem Leder. Kräuter und Baumharz verliehen dem Wein geheimnisvolle Noten. Vorm Trinken konnte man Honig oder Dattelsirup zusetzen, um den manchmal recht herben Geschmack abzumildern. Der Wein aus Maruks Dorf war von hoher Qualität und erzielte fern in der Stadt gute Preise. Die Reise lohnte sich allemal.

Auf ihrer dreiwöchigen Fahrt den Euphrat hinunter hielten sie an mehreren Dörfern und kleinen Städten. Maruk legte großen Wert auf persönliche Kontakte zu den jeweiligen Dorfältesten. Sie brachten Geschenke mit und ließen hie und da auch ein, zwei Krüge Wein bei den Besuchten. So sorgten die Weinbauern aus dem Norden dafür, dass die Flussbauern ihnen gewogen blieben, und dass ihnen auf dem Weg kein Leid zugefügt wurde. Früher waren Händler manchmal überfallen und ihrer Ladung beraubt worden, aber seit der König das Land befriedet und Raub unter drakonische Strafen gestellt hatte, war die Fahrt relativ gefahrlos möglich. Möge er lange leben, der König! Und mögen die Götter den Handel beschützen.

Die Stadt

Nach 22 Tagen auf dem Fluss erreichten sie die ersten Ausläufer der Stadt. Rafi blieb der Mund offen stehen: So viele Hütten, so viele Menschen, so viel Vieh, so viele Schiffe hatte er noch nie gesehen! Der Vater führte ihn auf einen Hügel, und Rafi erblickte zum ersten Male von Ferne die Stadt. Bislang kannte er sie nur vom Hörensagen. Von jetzt an, sagte der Vater, dürfe er ihn jedes Jahr in die Stadt begleiten. Rafi strahlte.

Die Stadt war riesig. Wie ein unwirklicher Traum hob sie sich aus der vor Hitze flirrenden Luft. Das Auffälligste war ein gewaltiger Tempelberg, dessen Spitze weiß und golden leuchtete. Das strahlende Weiß war so intensiv, dass es klar aus dem Flimmerbild hervorstach. Dann sah Rafi die ockerfarbene Mauer, die die Stadt umgab. Sie musste ungeheuer hoch sein, denn Menschen konnte man auf diese Entfernung nicht erkennen.

An einer Seite leuchtete es blau: das Stadttor! Da wollen wir hin, sagte der Vater. Rafi brachte keinen Ton heraus. Dafür brabbelte er dann später die ganze Nacht vor sich hin. Maruk, eingewickelt in seine Decke, musste grinsen. Er erinnerte sich, wie er selber als kleiner Bub die Stadt zum ersten Mal gesehen hatte. Ihm war es nicht anders ergangen: Der Anblick hatte ihn überwältigt.

Am frühen Nachmittag des nächsten Tages erreichten sie die Stadtmauer von Uruk. Als sie sich dem riesigen Bauwerk näherten, vor dem die Menschen klein und unbedeutend erschienen, machte Rafi sich vor Aufregung in die Hose. Er kriegte seinen Mund gar nicht mehr zu und schaute und schaute. Er vergaß sogar zu paddeln, was ihm mehrere sanfte Rüffel von seinem Vater eintrug. Aus der Mauer stachen in regelmäßigen Abständen Vorwerke hervor, so gewaltig, dass Rafi dachte, sie müssten an den Himmel stoßen. Oben zwischen den gestuften Zinnen sah er prächtig gekleidete Soldaten mit Schilden und Lanzen, die in der Sonne blitzten.

Das ganze Ufer vor der Mauer wimmelte von Leben. Ochsenkarren rumpelten vorbei, so gewaltig, dass sie ein ganzes Haus hätten tragen können. Wachen ritten zu Pferde oder saßen in eleganten, zweirädrigen Kutschen. Maruk steuerte einen Vorposten an, deklarierte per Zuruf seine Waren und bekam einen Platz an der Pier zugewiesen. Unmengen von Menschen bevölkerten den Kai, in allen Sprachen redeten sie durcheinander. Sklaven rannten mit Säcken auf den Schultern herum, Stoffballen wurden entladen, Kisten geschleppt. Maruk musste seinem Sohn in die Rippen boxen, damit er das Paddel ergiff und beim Anlegen half. So weit man sehen konnte, reihte sich Boot an Boot; viele parkten in zweiter, dritter, gar vierter Reihe. Sie alle waren rund und mit Planken verbunden, sodass man von jedem Boot an Land gehen konnte.

Auf den Wink einer Wache hin sprangen zwei Sklaven herbei und halfen beim Ausladen. Rafi bemerkte, dass ihre Weinkrüge an einer besonderen Stelle gelagert wurden, wo ein in Weiß gekleideter Mann stand. Als Rafi dessen wundervolle Kleidung berühren wollte, wurde er von seinem Vater so heftig zur Ordnung gerufen, dass er zusammenfuhr. Der Vater riss Rafi an der Schulter zurück und beschwichtigte den Mann in einer fremden Sprache. Der aber blieb gelassen. Schließlich lächelte er und nickte Rafi freundlich zu. Der war feuerrot geworden.

Nun öffnete der Vater einen der Krüge und reichte dem weißen Mann eine Probe. Rafi sah, wie er den Wein kostete, dann eine Augenbraue hob und einem Diener winkte, der hinter ihm stand. Der reichte ihm ein flaches Stück Ton. Der Weiße zückte einen kleinen Stab und begann, Zeichen in den feuchten Ton zu drücken. Rafi verstand gar nichts mehr. Am Ende aber gab der Weiße dem Vater einen kleinen Lederbeutel. Maruk verneigte sich tief, der Weiße nickte kurz und wandte sich dem nächsten Händler zu.

Als Hafenträger kamen, um die Krüge auf einen Wagen zu laden, schrie Rafi auf. Das war doch ihr Wein! Aber der Vater beruhigte ihn und erklärte, dass der Wein jetzt dem König gehörte. Dem König? War das der Weiße gewesen? Aber nein, erläuterte Maruk geduldig, das war nur einer seiner Beamten. Dann zeigte er auf den Beutel: Schau, das hat er mir dafür gegeben! Rafi verzog den Mund: So wenig für eine ganze Ladung Wein? Der Vater hatte sichtlich Mühe, ihm den unterschiedlichen Wert von Wein und Silber zu erklären. Am Ende schien Rafi aber doch halbwegs zufrieden. Nun ja, er war ja erst zwölf.

Eine ganze Woche blieben sie in der Stadt. Rafi beeindruckte tief, wie freundlich die Leute jedes Mal waren, wenn Maruk in den Beutel griff und ihnen ein winziges Stück des weißen Metalles gab, etwa wenn sie etwas essen wollten. Maruk meinte, dass sie ohne das Silber wohl nicht so freundlich wären. Rafi beschloss insgeheim, später unbedingt auch so einen Beutel zu haben, koste es, was es wolle.

Sie bezogen eine Herberge in der Nähe einer Schule, wo Rafi große Augen machte: Die Schüler, nicht älter als er, saßen in einem halb offenen Raum, der fast so groß war wie sein eigenes Elternhaus. Jeder hatte eine Wachstafel vor sich und kratzte mit einem

Stöckchen darauf herum. Ein buckliges Männchen ging zwischen ihnen umher, redete ununterbrochen und schlug dann und wann einem Schüler auf die Finger.

Einer der Schüler sah zu ihm herüber, aber als Rafi ihn mit seinen großen, kirschbraunen Augen und seiner Zahnlücke anlächelte, zog der andere die Mundwinkel herunter, sog die Luft scharf durch die Nase ein und schaute demonstrativ weg. Der Lehrer hatte dies natürlich bemerkt, schlug dem Schüler auf die Finger und redete dann streng auf Rafi ein, der kein Wort verstand. Schließlich rettete Maruk ihn aus dieser misslichen Situation.

Sie gingen durch die engen Gassen der Händler, wo Stoffe, Schmuck, Kleidung, Kupfergerät, Holzfiguren, Krugwaren und weiß Gott was noch alles ausgebreitet lagen. Tausend Düfte des Orients wetteiferten um Rafis Nase. Maruk erstand zwei Dutzend Ellen feinsten Stoffes, dazu einige Perlenketten und einen kleinen, goldenen Ring – für die Frauen zuhause, meinte er. Das alles war unglaublich interessant, aber wenn Maruk ihn nicht an der Hand geführt hätte, Rafi wäre verloren gewesen. Einzig die Märkte, wo Bauern ihre Waren anboten, kamen Rafi bekannt vor. Nur dass sie so viel größer waren als zuhause! Nachts brannten Ölfackeln vor den Tempeln und ließen die Nischen und Mauern in geheimnisvollem Flackern erglimmen.

Dann standen sie vor der gewaltigen Zikkurat der Ischtar. Über ihre steilen Treppen wandelten Priester mit kahlgeschorenen Köpfen, noch ehrfurchtgebietender und feiner gekleidet als der weiße Beamte am Hafen. Das Bauwerk war so riesig, wie Rafi es nie für möglich gehalten hatte, selbst nachdem er die Stadtmauer und das prächtige Blaue Tor gesehen hatte. Die Ziegelmauern der Zikkurat reichten wahrhaftig in den Himmel. Rafi konnte es gar nicht glauben, dass dort oben noch eine weitere Ziegelwand stand, und darauf noch eine, und noch eine... Ihm wurde schwindelig.

Diese Stadt war mehr als anstrengend. Wie konnte man sich hier nur zurechtfinden?

Maruk dagegen war allerbester Laune. Fröhlich pfeifend und singend ging er durch die Menge, grüßte hier, lächelte da. Rafi war aufgefallen, wie viele hübsche Frauen in der Herberge wohnten, die sie bezogen hatten. Aber auf seine Frage, ob das in allen Häusern der Stadt so sei, erntete er nur einen verdrießlichen Blick von seinem Vater. Dessen vor die Lippen gelegter Zeigefinger signalisierte Rafi, besser den Mund zu halten. Der Vater kaufte ihm ein Schälchen süßer Feigenpaste mit Nüssen, und Rafi vergaß, was er fragen wollte.

Eine Woche blieben sie in der Stadt, und Maruk erklärte und erklärte. Er erklärte so viel, dass Rafi der Kopf schwirrte und er schließlich wieder nach Hause wollte. Aber wie sollten sie mit dem großen Boot flussaufwärts kommen? Maruk wusste wie immer Rat. Die Organisation der Stadt war hervorragend, so hatten sie Esel und Boot in der Obhut der Hafenverwaltung lassen können. Der König hatte eine Karawanserei vor den Toren der Stadt errichtet, die von den Händlern, die per Boot kamen, eifrig genutzt wurde.

Sie holten ihren Esel ab, luden ihn ins Boot und fuhren weiter flussabwärts. Der Strom wurde rasch sehr breit, und noch weiter vorne war nur noch Wasser, so weit man blicken konnte. Dies ist das Meer, erklärte Maruk feierlich seinem Sohn, der nach den vielen Wundern in der Stadt seinen Augen kaum noch trauen wollte. Riesige Schiffe lagen hier vor Anker, gefertigt aus Papyrusbündeln dicker als ein Ochse. Weit draußen erkannte Rafi Schiffe, die große Tücher über sich trugen. Maruk erklärte, dass sie mit dem Winde fuhren. Rafi verstand wieder nichts. Mit Wind? Ohne Paddel und Stangen? Wollte sein Vater ihn zum Besten halten?

Am Strand wohnten und arbeiteten die Schiffsbauer. Maruk zerlegte das Boot und löste die Hülle vom Rahmen. Das Holz tauschte er gegen ein Gestell mit zwei Rädern, das mithilfe eines Brust- und Rückenriemens dem Esel angehängt werden konnte. Gemeinsam falteten sie die schwere Bootshaut zusammen, wuchteten sie auf das Fahrwerk und banden sie fest. Dann legten sie noch die Seile und Paddel oben auf. Ihre restliche Habe und den Proviant verstauten sie in Satteltaschen, die sie dem Esel umhängten.

Und so trotteten sie wieder nach Hause, Maruk, der Esel und Rafi. Für den Rückweg über die Landstraße, quer durch die Dörfer, würden sie fast zwei Monde benötigen und jeder bestimmt zwei Paar Sandalen durchlaufen. Aber es drängte sie ja niemand. Am Weg gab es Herbergen, und in den Dörfern konnte man alles kaufen, was man brauchte. Und wo kein Dorf war, schliefen sie wie gewohnt unter freiem Himmel. Nicht wenige Leute waren hier zu Fuß oder mit Lasttieren unterwegs, und immer gab es irgendwo Gesellschaft, Fladenbrot und Bier.

Maruk betrachtete vergnügt seinen Beutel. Der war zwar schon merklich schlanker geworden, aber das Silber beulte ihn noch immer tüchtig aus. Zuhause würde genug übrig bleiben, um endlich Haus und Garten zu erweitern, wie Rafis Mutter es schon seit langem gewünscht hatte. Mit etwas Glück würde das Silber vielleicht sogar für einen neuen Sklaven reichen. Und nächstes Jahr würden sie die Tour wiederholen. Hoffentlich fiel die Traubenernte wieder so üppig aus wie die letzte.

Rafi dachte an zuhause, an seine kleinen Geschwister und an seine Mutter. Maruschti, würde sie sagen: Rafilein, da seid ihr ja wieder! Kommt rein und erzählt, ich habe Kekse gebacken! —Rafi hasste es wie die Pest, wenn seine Mutter Rafilein zu ihm sagte. Aber nach dieser abenteuerlichen Reise würde er wohl gnädig darüber hinweghören können. Der kleine Rafi stapfte mit geschwellter Brust neben seinem Vater her und blickte stolz auf dessen zufriedenes Gesicht.

Helga Margenburg

Das rote Mützchen

Vor wenigen Wochen war der Winter eingekehrt und hatte sich bis jetzt gehalten. Der alljährliche kleine Jahrmarkt fand auch diesmal wieder am Dorfrand statt; gleich dahinter begann der Wald. Den Schnee auf dem Rummelplatz hatte man geräumt, und die Buden und Fahrgeschäfte waren gut besucht, obwohl es kalt war und bereits dämmrig wurde.

Er stand in einiger Entfernung zum Kinderkarussell, das die beliebteste Attraktion zu sein schien. Alle Plätze waren besetzt, die Kinder lachten oder kreischten, sie winkten ihren Eltern oder Großeltern zu, während sie fröhlich im Kreis fuhren. In unmittelbarer Nähe gab es einen Pavillon mit kalten und warmen Getränken, Glühwein für die Erwachsenen und heißem Kakao für die Kinder. Eine lange Menschenschlange hatte sich dort gebildet, jeder war durchgefroren und wollte seine kalten Hände am heißen Becher wärmen.

Langsam näherte er sich dem Karussell mit den lachenden Kindern.

Da war es wieder! Jetzt fuhr es schon zum zweiten Mal die Runde an ihm vorbei. Es saß in einem kleinen blauen Polizeiauto mit grünen Streifen an der Seite, gefolgt von einem Hubschrauber auf Bodenhöhe und einem Feuerwehrauto, vor dem Polizeiauto zwei Pferdchen, ein weißes und ein braunes, davor noch einmal zwei, ein weißes und ein schwarzes, die mit den Kindern auf ihren Rücken gleichmäßig wippten. Er wunderte sich. Normalerweise liebten kleine Mädchen doch Pferde. Dieses Kind schien etwas Besonderes zu sein, wenn es in einem Auto saß und am Lenkrad drehte, so als ob es dem Gefährt eine andere Richtung geben könnte, wenn es nur wild genug kurbelte. Vielleicht hatte es aber auch nur keinen Platz mehr auf einem Pferdchen bekommen. Ob das kleine Mädchen allein war oder ob irgendwo in der Menge die

Eltern standen? Er sah sich vorsichtig um, konnte aber niemanden entdecken, der vielleicht dazugehören könnte, jedenfalls winkte oder lächelte es niemandem zu. Das würde es leichter machen.

Das rote Strickmützchen mit der Bommel obenauf war fast bis über seine Augen gerutscht, und die Wangen des Kindes waren fast genauso rot wie die Kopfbedeckung. Ob vor Anstrengung beim Kurbeln oder vor Aufregung, ließ sich nicht sagen. Gerade fuhr die Kleine zum dritten Mal an ihm vorbei. Er folgte ihr mit gierigen Blicken. Sie betätigte die Autohupe, der schrille Ton gellte laut in seinen Ohren und ließ ihn zusammenzucken.

Die Bilder der Vergangenheit ließen ihn nicht los. Ständig kehrten sie wieder und ständig kämpfte er dagegen an, denn sie waren unwegsames Gelände, das zu betreten er sich noch immer scheute. „Nein, nicht noch einmal", beschwor er sich selbst. Er wusste, wenn er noch länger hinsah, würde er sich nicht zurückhalten können. Zu niedlich sah das Kind aus. Genau wie Mandy, als er sie zum letzten Mal gesehen hatte. Seine Mandy. So lange war das her! Jetzt müsste seine Tochter eine junge Frau sein, überlegte er, warum hatte sie nie versucht, ihn zu finden? Er war doch ihr Vater. Hatte sie sich, genau wie seine Exfrau, streng an das gerichtliche Verbot der Kontaktaufnahme gehalten? Dabei war er doch kein schlechter Mensch, nicht wirklich jedenfalls. Ja, er war auf die schiefe Bahn geraten, aber er war doch kein Monster. Oder etwa doch? Auch Mandy hatte bei ihrem letzten Zusammentreffen eine rote Mütze getragen, die zu groß war und ihr ständig über die Augen rutschte, dazu einen roten Schal. Beides hatte seine Mutter noch gestrickt, bevor sie kurz darauf gestorben war. Der Schal hatte orangefarbene Fransen gehabt, daran erinnerte er sich. Ob Mandy sich das so gewünscht oder ob die Wolle nicht gereicht hatte? „Ach, Mutter", dachte er wehmütig, „ich wünschte, du wärst noch da. Jetzt habe ich niemanden mehr." Seit ihrem Tod war er allein. Jeder hatte ihn alleingelassen. Allein, im Dunkel seiner Gefühle.

Das Karussell drehte sich noch immer.

In seinem Kopf tat sich wieder dieses Loch auf, das er so gut kannte. Dieses Loch, in das jeder klare und vernünftige Gedanke hineinfiel. „Nicht schon wieder", dachte er erneut und versuchte, nicht zu dem Polizeiauto hinzusehen. Die Zeile eines Gedichts fiel ihm ein. „... des Waldes Dunkel zieht mich an, doch muss zu meinem Wort ich steh'n und Meilen geh'n bevor ich schlafen kann..." Wer es geschrieben hatte, wusste er nicht, aber irgendwie fand er es schön, auch wenn der dunkle Wald sein Feind war. Trotzdem... Und zu dem Versprechen, das er sich selbst gegeben hatte, musste er endlich stehen: „Nicht noch einmal!"

Es war leicht gewesen, sich an die Kinder heranzumachen. Als er das erste Mal seinem Verlangen nachgegeben hatte, beim Weihnachtsmarkt vor zwei Jahren, war es ein Kind gewesen so wie dieses. Auch es hatte eine rote Wollmütze mit einer Bommel getragen, und es hatte so zerbrechlich gewirkt und war allein. Es heiße Caro und ja, es gehe schon in die Schule, in die erste Klasse, hatte es munter erzählt. Aber jetzt seien Ferien und es sei zu Besuch bei seiner Oma, die wohne hier ganz in der Nähe und würde es gleich abholen. Aber die Oma sei schon alt und könne nicht mehr so gut sehen. All das hatte das Mädchen freimütig auf seine weiteren behutsamen Fragen berichtet. Er hatte ihm einen Kakao ausgegeben, den es angenommen hatte. Seine Augen hatten gestrahlt, als er ihm eine extra Portion Sahne darauf tat, ohne dass es darum gebeten hatte. Es war so leicht gewesen, sich das Vertrauen des Kindes zu erschleichen. Eine extra Portion Sahne hatte genügt.

Nein, es war nicht seine Schuld, dass passiert war, was passiert war, das hatte er sich damals gesagt und sagte es sich noch immer. Wieder und wieder. Er hatte ja schließlich vor der Höhe des Hochsitzes gewarnt. Nein, nichts wäre passiert, wenn Caro auf ihn gehört und nicht dort hinaufgeklettert wäre. Dann wäre sie nicht von der vereisten, angeknacksten Sprosse abgerutscht. Er schlug sich mit dem Handballen gegen die Stirn, um die Bilder loszuwerden, die in ihm aufstiegen. Er durfte ihnen keinen Platz geben. Man hatte ihm nie etwas nachweisen können, noch nicht einmal in

Verbindung hatte man ihn mit dem Geschehen gebracht, nicht bis heute. Ein kleines neugieriges Mädchen, das sich allein vom Rummelplatz entfernt hatte, im nahen Wald auf einen Hochsitz geklettert und heruntergestürzt war. Aber wieso hatte es so weit entfernt gelegen? Als es in der Zeitung stand, war er längst nicht mehr der Mann von damals. Er hatte sein Äußeres verändert, die blonden Haare dunkel gefärbt und sich einen Bart wachsen lassen. Vorsichtshalber. Selbst der einzige Freund, den er noch hatte, hatte ihn nicht gleich erkannt.

Man konnte ihm nichts nachweisen und niemand brachte ihn mit dem Vorfall in Verbindung.

Seine Gedanken drehten sich noch immer mit dem Karussell im Kreis.

„Nein, ich bin mit dem Kindergarten hier", hatte ein Jahr später beim Winterjahrmarkt das zweite Kind auf seine Frage geantwortet, ob seine Eltern auch anwesend seien. Höchstens zwei Betreuerinnen für eine Gruppe von mindestens achtzehn oder zwanzig Kindern, da war das Fehlen eines einzelnen nicht sofort aufgefallen. Und er wollte es ja auch wieder zum Karussell zurückbringen.

Später hatte er sich gewundert, wie leicht es auch diesmal gewesen war. Er hatte gar keine große Überredungskunst gebraucht, das Kind war ihm wie selbstverständlich gefolgt, als er von den kleinen Kätzchen in seiner Hütte im Wald erzählt hatte, die so niedlich seien. „Schenkst du mir eins?" hatte es aufgeregt gefragt und war munter neben ihm her gehüpft, seine kleine Hand in seiner. Die Hand war eisig, er hatte sich gefragt, warum das Kind keine Handschuhe trug bei diesem kalten Winterwetter. Aber wenigstens hatte es eine Mütze auf dem Kopf. Eine rote. „Klar", hatte er geantwortet und sie hatten gemeinsam schon einmal einen Namen überlegt. „Minka ist gut", hatte das Mädchen gesagt und jeden Hüpfer von „Min-ka, Min-ka"-Rufen begleitet. „Ist es noch weit?" hatte es wissen wollen. „Nein, wir sind gleich da", hatte er gesagt und das Kribbeln in seinem Körper wie Nadelstiche gespürt. Dieses Kribbeln, das ihn jedes Mal überfiel, wenn er ein kleines

Mädchen ansah. Er wollte ihm nichts tun, genauso wenig wie dem Kind zuvor, nur ansehen wollte er es, wirklich nur ansehen und sich ein wenig mit ihm unterhalten. Es war schon so lange her, dass er mit Mandy gesprochen hatte.

Auch bei diesem Kind, von dem er nicht einmal wusste, wie es hieß, war man nicht auf ihn gekommen. Er hatte ihm nichts getan, es war ein Unglücksfall gewesen wie bei der kleinen Caro. Die dicke Baumwurzel war schuld, sie hatte im Weg gelegen, man konnte sie kaum sehen unter den hohen Fichten, die das bisschen Nachmittagssonne, das noch durch die Äste schien, aufsogen und rundherum alles dunkel machten. Der Boden unter den Bäumen war übersät gewesen von glitschigen Nadeln und Zapfen, an denen noch eine Eisschicht haftete. Das Kind war ausgerutscht und über diese Wurzel gestolpert. Es war mit dem Kopf darauf aufgeschlagen; er hatte es nicht fest genug gehalten oder die kleine Hand war aus seiner gerutscht, er wusste es nicht. Was er aber wusste und was er nie vergessen würde, war, dass sich das Kind nicht mehr bewegt hatte. Ganz steif und still hatte es auf dem kalten Boden unter den Fichten gelegen und sich nicht gerührt, die Mütze schief auf seinem Kopf. Er hatte über die dunkle Haarflut gestaunt, die darunter hervorquoll.

„Wach auf, wach doch endlich auf", hatte er das Mädchen beschworen, doch es hatte nicht reagiert. Als er ihm die Mütze vollständig vom Kopf zog, hatte er das Blut an seiner Schläfe gesehen, das als dünnes Rinnsal daran herunterlief. Das Blut war genauso rot wie das Mützchen. Er bekam das Bild nicht aus dem Kopf, es hatte ihn völlig unvorbereitet getroffen. „Rot-rot-tot" hatte er gedacht und panisch versucht, mit den Händen eine Kuhle in den harten Boden zu graben, doch es war ihm nicht gelungen, weil der Boden gefroren war und er kein Werkzeug dabei hatte. Er war zur Hütte gelaufen, um in Ruhe nachzudenken. Dann hatte es angefangen zu schneien, dicke Flocken, und am Morgen war der Leichnam von einer weißen Schicht zugedeckt. Wochenlang hatte der Schnee auf dem Waldboden gelegen, dort, wo keine Sonne hin schien. Aber irgendwann war der Frühling gekommen und der Schnee war mit Sicherheit geschmolzen. Er mochte sich das gar nicht vorstellen. Bis heute wusste er nicht, ob das Kind von irgendjemandem vermisst oder gefunden worden war. Er hatte sich nicht getraut, nachzusehen und Zeitungen zu kaufen.

Nein, er hatte nicht weit zu gehen brauchen, nicht mit diesem Kind und auch nicht mit der kleinen Caro zuvor. Sein Verlangen war jedes Mal im Dunkel des Waldes steckengeblieben.

Er wandte sich wieder dem Karussell zu. Wie lange es fuhr! Oder war das bereits eine neue Runde? Er hatte nicht aufgepasst. Das Kind war so in das Lenken des Autos und in das Betätigen des Polizeihorns vertieft, dass es nicht zu bemerken schien, was um es herum vor sich ging. Wie konnte er es wohl ansprechen? Ob er ihm auch einen heißen Kakao spendieren sollte? Mit einer extra Portion Sahne?

Das Gespenst in ihm würde erst wieder Ruhe geben, wenn er es besänftigte, wenn er dieses kleine Mädchen an der Hand hielt. Wenn er mit ihm sprechen und sich vorstellen konnte, es sei Mandy, wenn... Nein, er würde ihm nichts tun, so einer war er ja nicht.

Der Wald war ganz nah. Dunkel und tief und nah. Und vielversprechend. „... und Meilen geh'n bevor ich schlafen kann..." Die Gedanken fielen über ihn her wie ein Schwarm schwarzer Vögel.

Er hatte das Anhalten des Karussells verpasst. Als er aufsah, war das rote Mützchen verschwunden. Das Kind war auf der gegenüberliegenden Seite aus dem Polizeiauto ausgestiegen. Dann sah er es. Lachend stürzte es sich abwechselnd in die Arme einer Frau und eines Mannes. Der Mann wirbelte es herum, das Mützchen war dem Kind vom Kopf gerutscht und eine dunkle Haarflut quoll darunter hervor. Er hörte, wie es fragte: „Darf ich einen Kakao, Papa?" und die Worte drangen in sein Herz.

Langsam drehte er sich um und verließ den Rummelplatz. Er wusste, er würde noch viele Meilen gehen müssen, bis er wieder ruhig schlafen konnte.

Nevena Radeva

Ein Hauch von Freiraum

Glatte Glasscheiben,

kalte glitschige Glaswände

umgeben von Wasser und künstlichem Licht

optische Täuschung von Freiheit.

Die Klarheit trügt,

als gäbe es eine andere Welt

außerhalb des geschlossenen Raums.

An Spiegelglaswände gestoßen,

abgestoßen, zurückgedrängt,

unter lauter Luftschläuche und Sprudelsteine

scheinbar an einem Hauch von Freiraum erstickt.

Bildquelle: www.unsplash.com   *Nevena Radeva*

124

Lore I. Lehmann

Der 95. Geburtstag

Als Margarethe an einem sonnigen Nachmittag ihr künftiges Zimmer im Wohn- und Pflegestift „Tannenhöhe" betrat, ahnte niemand, dass sie mit diesen ersten Schritten bereits die späteren rätselhaften Ereignisse vorbereitete. Ihr Ziel war jetzt nur noch einen Katzensprung entfernt.

Sie dirigierte ihren Rollator, ohne zu zögern und ohne ein Wort durch den großen Raum zum Fenster und zum Balkon. Sie musterte – immer noch schweigend – den Ausblick und nickte, wandte sich dann zu dem seniorengerecht hohen Bett, setzte sich darauf und prüfte konzentriert die Matratze. Danach erst schaute sie zu den beiden wartenden Frauen an der Tür. Sie lächelte ein wenig und sagte zu ihrer Begleiterin: „Sehr schön, Paula, genau richtig. Ich werde hier bleiben."

Nun löste sich die Schwester, die für die Aufnahme im Wohnstift zuständig war, aus ihrer Irritation über diese anscheinend resolute und möglicherweise auch sehr selbstbewusste Dame. Mit leicht angestrengter Freundlichkeit hieß sie Margarethe nochmals willkommen, wies auf einen Begrüßungsstrauß auf dem runden Tisch und die Begrüßungsmappe. Sie schlug ihr vor, zusammen mit der Schwiegertochter einen Orientierungsrundgang durch das Haus zu machen. Vielleicht auch in der Cafeteria einen Begrüßungskaffee zu trinken.

Das war nun nicht in Margarethes Sinn. Sie entschuldigte sich mit ihrer großen Erschöpfung und wollte eigentlich nur das Badezimmer erkunden, um danach das schöne Bett schon einmal richtig kennenzulernen. Die Schwester blickte die Schwiegertochter fragend an, doch Paula lachte nur, zuckte mit den Schultern und meinte: „Tja, warum nicht? Morgen ist ja auch noch ein Tag. Ich werde jetzt schon mal beim Auspacken helfen und bleibe dann bis nach dem Abendessen. Also bis meine Schwiegermutter mich entlässt!" Dabei lachte sie wieder.

Nachdem die Schwester gegangen war, flüsterte Margarethe: „Paula, so müde bin ich ja gar nicht, ich will mich aber nicht – äh – dings – ach Mist – ordenie -." „Orientieren?" „Ja genau. Diese Wörter immer, die mir abhauen. Also warum sollte ich mich im Haus orientieren? Du hast mir ein so schönes Zimmer besorgt. Hier mag ich bleiben. Wenn die Leute einigermaßen nett sind und mich in Ruhe lassen, dann ist alles gut."

In der folgenden Dreiviertelstunde machten sich die beiden Frauen mit Margarethes neuem Zuhause vertraut. Im geräumigen Bad besahen sie sich Haltegriffe, Lichtquellen, Notrufknopf und Vorrichtungen, um Bademantel und anderes aufzuhängen. Im Zimmer waren Schubläden und Schrankinneneinrichtung wichtig, um den Inhalt des Koffers unterzubringen. Auch in diesem Raum ging es dann um Lichtquellen und Steckdosen und danach vor allem um die Handgriffe zum Öffnen und Schließen von Fenster und Balkontür.

Vor dem großen Fenster standen zwei Sessel und der runde Tisch mit den angepriesenen Begrüßungsblumen. Hier ließen beide sich nach getaner Inspektion nieder. Paula holte einen Spiral-Block aus ihrer Tasche. Auf der Innenseite der Deckpappe des Blocks standen Paulas Adresse und Telefonnummer, ihre Handy-Nummer sowie auch die von Mark. „Margie, ich weiß, du kennst das alles auswendig, aber du merkst doch immer wieder, wie leicht Wörter und Zahlen aus dem Kopf verloren gehen, das passiert ja sogar mir. Also protestiere jetzt mal nicht." Und mit Betonung fügte sie hinzu: „Ausnahmsweise!"

Margarethe grinste ganz leicht, nickte und meinte dann, sie sei nun doch ganz schön ermüdet, ja ermüdet war das richtige Wort, und Paula könnte ganz beruhigt nach Hause gehen. Hauptsache, sie käme am nächsten Tag wieder. Paula erinnerte sie daran, dass sie noch drei Tage Ferien habe und diese Zeit ganz ihrer Schwiegermutter und der Organisation ihres neuen Lebens widmen könne. Und das auch sehr gern täte. Mark würde ebenfalls morgen mal kurz auftauchen.

Die nächsten Stunden im Haus verliefen dann so, wie Margarethe sich das vorgestellt hatte. Mehrfach kamen fremde Menschen mit freundlichen Gesichtern herein, fragten nach ihrem Befinden, stellten für den folgenden Tag irgendwelche Gespräche in Aussicht und servierten ihr ein durchaus akzeptables Abendbrot. Sie war bereit, hier mit vielem zufrieden zu sein, nur wenige Wünsche zu äußern, diese dann allerdings mit ihrer stillen Beharrlichkeit durchzusetzen. Darin vertraute sie ihrem erprobten eigenen Willen, auch dem von Paula, und nicht zuletzt ihrem angenehmen finanziellen Hintergrund und dem ihrer Familie.

Paula war eigentlich ihre Ex-Schwiegertochter, denn sie und Margarethes Sohn Volker hatten sich schon vor mehreren Jahren scheiden lassen. Ihre beiden Söhne Anton und Mark hatten über ihren Aufenthalt selbst entscheiden dürfen, und so war Anton mit seinem Vater nach Australien gegangen, und Mark, der jüngere der beiden, war hier in Deutschland bei seiner Mutter geblieben. Zu Marks Leidwesen hatten in dieser Familie alle außer ihm mit dem Fach Biologie zu tun: Oma Margarethe war Professorin gewesen, spezialisiert auf das Verhalten von Raubkatzen, ihr Sohn Volker war Dozent an der Universität Sydney im Bereich „Wildlife Conservation". Sein Sohn Anton studierte bei ihm und war seit einiger Zeit beteiligt an der Erforschung von Umweltschäden durch Kängurus. Auch Paula hatte Biologie studiert, auf Lehramt. Sie arbeitete als Biologie-Lehrerin am örtlichen Gymnasium. Und Mark? Er behauptete, Pickel zu kriegen, wenn er nur das Wort „Biologie" hörte. Jedenfalls galt er als der Schöngeist der Familie, er las viel, fotografierte und malte. Er bereitete sich jetzt gerade auf sein Abitur vor.

Als Margarethe am nächsten Morgen ungewohnt spät aufwachte, saß Paula bereits am Tisch und feixte. Jahrelang hatte Margarethe ihre Familie mit der Behauptung unterhalten und oft genug genervt, dass die schönste und kreativste Zeit des Tages die Morgendämmerung sei. Es war zu einer Art running gag geworden. Etwas verlegen und auch etwas trotzig sagte sie nun: „Ausnahmen beregeln – äh – ach..." „Ja, ja", half Paula, „bestätigen die Regel. Warten wir mal ab, wie das hier sein wird."

Paula hatte bereits im Schwesternzimmer darum gebeten, dass Margarethe zumindest heute ihr Frühstück auf dem Zimmer erhalten konnte. Es gab zwischen den beiden Frauen vieles zu besprechen. Der erste Tagesordnungspunkt betraf gleich die Mahlzeiten: Es gab keinen medizinischen Grund, weshalb Margarethe nicht im allgemeinen Speiseraum zusammen mit den anderen Bewohnern essen sollte. Das galt auch als förderlich für das allgemeine Zusammenleben und somit gleichzeitig für die seelische Gesundheit. Kein Argument für Margarethe! Es führte jetzt zur ersten Machtprobe, denn Margarethe sagte kategorisch: „Nein, auf keinen Fall!" Paula sollte sich irgendetwas mit kaputter Psyche ausdenken. Oder einen drohenden Hungerstreik. Margarethes listiger Gesichtsausdruck machte Paula klar, dass das durchaus keine leere Drohung war. „Ach Margie", seufzte sie, „du bist aber auch wirklich manchmal schwierig. Mal sehen, was sich machen lässt."

Das nächste Thema entwickelte sich weniger kontrovers: Was sollten Paula und Mark aus Margarethes bisheriger Wohnung herholen, jetzt, da Größe und Zuschnitt dieses Zimmers deutlich geworden waren? Margarethes gestriges „Nichts, ich will gar nichts von all dem alten Kram haben" hatte sich inzwischen relativiert.

Vor allem vermisste sie ihren superbequemen Fernsehsessel, wie sie ihn nannte, obwohl sie hier noch weniger fernsehen wollte als bisher. Aber eben superbequem und mit Rollen. Keine weiteren Kleinmöbel? Nein. Einen Schreibtisch? Nein, ach nein, auf keinen Fall den großen. Bilder für die Wände? Um Himmels Willen nein. Auch nicht den originalen Hermann Martens von ihrer Mutter? Nein, selbst den nicht. Und Familienfotos schon mal gar nicht, das brauchte Paula gar nicht erst zu erfragen.

„Na gut", meinte Paula, „dieses Thema ist ja sehr übersichtlich geblieben. Weißt du, deine Wohnung werden wir sowieso noch einige Wochen behalten, denn das ging ja jetzt etwas holterdipolter. Du kannst also vorläufig noch Wünsche äußern, wenn dir etwas einfällt."

In der Verwaltung des Hauses kam man Paula sehr freundlich entgegen bezüglich Margarethes Weigerung, in den Essraum zu gehen. Es hieß, das seien Eingewöhnungsprobleme, das gäbe sich nach einiger Zeit von ganz allein. Man könne vorerst gern darauf Rücksicht nehmen. Paula bedankte sich erleichtert.

Nachmittags hievten Paula und Mark das superbequeme Stück aus dem Auto zum Aufzug und von dort ins Zimmer. Margarethe freute sich sehr darüber und ließ sich in ihrer Freude ausführlich von ihrem Enkel umarmen. Er zog den Sessel zum Tisch, und so saßen sie dort zu dritt und aßen mitgebrachten Bienenstich, ihrer aller Lieblingskuchen. Mark gefiel der Raum sehr gut, denn er war hell und freundlich, gut proportioniert und mit dem von Margarethe erwünschten Balkon.

„Aber irgendwie ist das Zimmer vielleicht doch etwas kahl", meinte er. „Aber nein, mein Lieber", Margarethe schüttelte den Kopf. „Es ist genau richtig so, es gefällt mir. Es gibt mir Ruhe und Klarheit." Nachdenklich betrachtete Mark seine Oma. „Anscheinend möchtest du dich ganz neu erfinden." Er wandte sich an seine Mutter. „Das hat was, oder?" Paula nickte. Für eine Weile waren alle drei still und dachten nach. Margarethe sah glücklich aus.

Am folgenden Tag hatte Margarethe anscheinend ihren gewohnten Schlaf- und Wachrhythmus wiedergefunden. In der Morgendämmerung hatte sie den Fernsehsessel an die Balkontür gerollt und diese geöffnet. Die kühle Luft belebte ihren ganzen Körper, ihre Poren dürsteten danach. Margarethe tankte Energie. So hatte sie schließlich die Kraft, sich im Badezimmer für den Tag fertigzumachen, denn das erschien ihr oft wie eine große Anstrengung. Als Paula später zur Frühstückszeit ankam, saß ihre Schwiegermutter bereits ganz cool im Sessel und grinste triumphierend.

Dieser morgendliche Übermut wurde „erbarmungslos", wie Margarethe sagte, nach dem Frühstück ausgenutzt, um mit dem Rollator das Haus zu erkunden, ein orientierendes Faltblatt in der Hand. Alle Räumlichkeiten und Einrichtungen, die Paula mit lobenden Worten bedachte, wurden von Margarethe mit ungeduldigen Gesten schnell abgetan. Mehr Interesse zeigte sie draußen, auf den Spazierwegen rings um das Haus. Das Gelände war relativ groß, parkähnlich mit Rabatten und vielen Büschen, und es grenzte an einer Seite, die Margarethe schon von ihrem Balkon aus gesehen hatte, an einen Wald. „Sehr schön", war ihr Kommentar, „dieser Garten gefällt mir. Hörst du den Specht an einem Baum arbeiten, da hinten im Wald?" Nein, Paula hörte ihn nicht.

Nach der Mittagsruhe hatte Margarethe einen Termin beim Arzt des Hauses. Ihm lagen bereits alle Untersuchungsergebnisse der letzten Zeit vor, sie hatte sich ja umfassend durchchecken lassen. Allerdings fehlte noch die Überprüfung der Sinnesorgane. „Mir wurde berichtet, Sie seien trotz Ihres hohen Alters gar nicht schwerhörig, das ist ja erfreulich. Wie ist es mit Riechen und Schmecken?" „Och, normal halt", antwortete sie. „Und wie steht es mit Ihren Augen? Sie tragen keine Brille. Lesen Sie oder handarbeiten Sie, sehen Sie viel fern?"

„Nein, das alles kaum noch, aber nicht wegen meiner Augen. Glauben Sie mir, ich kann sehen wie ein Luchs, neuerdings sogar im Dämmerlicht. Also machen Sie sich darüber keine Sorgen." Dieser Ausdruck amüsierte den Arzt. Er machte sich noch einige Notizen und wünschte Margarethe einen angenehmen und gesunden Aufenthalt in der „Tannenhöhe".

Ein wenig ungewohnt war es, dass Margarethe hier nun völlig untätig war oder zu sein schien. Sie las nicht und schrieb nicht, telefonierte kaum und hatte ihren Laptop noch nicht wieder angerührt. Sie saß oft am Fenster oder auf dem Balkon und dachte – vielleicht – nach. Dabei beobachtete sie die Eichhörnchen, wenn sie sich auf der ausladenden Kastanie direkt neben dem Balkon jagten und gelegentlich die Brüstung in ihre Spiele einbezogen. Manchmal nickte sie auch ein. Sie schien im Reinen zu sein mit ihrem neuen Leben und wirkte heiter und ausgeglichen. Wenn man sie in Ruhe ließ.

Die Pflegekräfte hatten den Auftrag und auch den Ehrgeiz, die ihnen anvertrauten Senioren geistig und körperlich zu mobilisieren, ihre Lebensgeister wachzuhalten oder wieder zu wecken. Sie machten Margarethe also eine Vielzahl unterschiedlicher Angebote, von schlicht bis anspruchsvoll, laute Aktivitäten oder stilles kulturelles Genießen, Ausflüge, Andachten – Margarethe wies alles freundlich, aber bestimmt zurück. Eine der Schwestern ließ sich davon nicht beeindrucken und versuchte immer wieder, mit nie versiegendem mildem Lächeln und sanft gehauchter Stimme, sich durchzusetzen. Ohne Erfolg natürlich. Margarethe nannte sie „die Unsägliche" oder „die Heilige Eulalia".

Auf Paulas Drängen hin ließ Margarethe sich schließlich doch auf ein Angebot ein, jedenfalls probeweise: Viola, eine

Psychologiestudentin, die im Haus „Tannenhöhe" ein Jahrespraktikum machte, sollte sich ein- bis zweimal wöchentlich eine Stunde lang mit Margarethe beschäftigen: Gedächtnistraining, Wortfindungstraining, Wahrnehmungstraining, solche Dinge. Es hörte sich an wie ein Sportleistungsprogramm. Beim ersten Termin war Margarethe nicht sonderlich zugänglich, sogar ein bisschen brüsk, doch das machte gar keinen Eindruck auf Viola, sie lachte das einfach weg, so wie Paula in ähnlichen Situationen. Als Margarethe bei einer Aufgabe zur optischen Wahrnehmung plötzlich sagte, das sei doch nicht „klausurrelevant", stutzte Viola und lachte dann, bis Margarethe zögerlich mit einstimmte. Ob sie denn noch mehr solcher schön komplizierten Wörter im Repertoire hätte, wollte Viola wissen. Ja, hatte sie, und ohne zu stocken und ohne Fehler: „Das ist nun mal ein multifaktorielles Bedingungsgefüge". Wieder lachten sie beide, doch etwas traurig meinte Margarethe dann, normalerweise würden ihr gerade die einfachsten Wörter des Alltags fehlen, z.B. immer wieder für die Mahlzeit morgens, also das – äh – Wür- Wüst- das Würz- – nein, es ging einfach nicht. „Ok", meinte Viola, „also Frühstück. Das Ü drängelt sich ja penetrant vor. Vielleicht sollten wir uns ein wenig darum kümmern. Ich glaube, wir könnten allerhand Spaß miteinander haben."

Den hatten sie in der folgenden Zeit, manchmal auch zusammen mit Paula oder Mark. Die Chemie zwischen ihnen stimmte. Margarethe wurde wieder lebhafter, bat um einige Foto-Bücher und Filme aus ihrer Wohnung, allerdings nur solche über Raubkatzen. Dieses Interesse hatte ihr ganzes Leben begleitet. Außerdem wollte sie ihre eigene Bettwäsche haben, die seidene, die ihrer Haut so gut tat. Und auch den etwas schrillen seidenen Pyjama mit dem Papageienmuster.

Viola war bei den Sitzungen beeindruckt von Margarethes scharfem Gehör und ihrer fantastischen Sehfähigkeit. In solcher

Ausprägung hatte sie das noch nie erlebt, erzählte sie dem Arzt. Der wollte das Phänomen demnächst einmal gründlich untersuchen.

Doch die neue Lebhaftigkeit hielt nicht lange an, Margarethe wurde wieder zunehmend in sich gekehrt, schien sich dabei aber trotzdem wohl zu fühlen. Und eines Nachts hatte sie wieder den geheimen TRAUM, wie vor einiger Zeit in ihrer alten Wohnung schon einmal. Wieder vermittelte er ihr ein Gefühl von konzentrierter Ruhe und von innerer Sicherheit. Ihr Ziel stand ihr wieder deutlicher vor Augen.

Paula und Mark nahmen natürlich Margarethes stillen Rückzug wahr und teilten dies auch Volker und Anton in Australien mit. Volker hatte sowieso zum bevorstehenden 95. Geburtstag seiner Mutter nach Deutschland kommen wollen. Anton war auch beunruhigt über den berichteten Zustand seiner Großmutter, musste aber erst einmal zwei wichtige Klausuren überstehen. Er wollte dann ihren Geburtstag mit ihr nachfeiern.

Volkers Angehörige in Deutschland kannten ihn gut genug, um zu wissen, dass er sich garantiert nicht auf einen bestimmten Ankunftstag festlegen würde. Sie versuchten daher, möglichst entspannt ihre bisherige Routine beizubehalten und sich in keiner Weise bereits auf ihn einzustellen. Und so erschien er denn am Sonntag vor dem Geburtstag überraschend in der Tür des Zimmers Nr. 103. Mark saß gerade mit Kopfhörern am Tisch und arbeitete an seinem Laptop, Paula las im Fernsehsessel ein Buch, und Margarethe lag in ihrem Bett und döste.

Für einen Moment starrten sie stumm auf die Erscheinung in der offenen Tür, und Volker nahm ebenso stumm das Stillleben im Zimmer in sich auf. Doch dann stürmte er zum Bett seiner Mutter, umarmte sie heftig – fast riss er sie dabei aus ihren Kissen – und begrüßte anschließend mit männlich-herbem Schulterklopfen seinen Sohn Mark. Paula und ihr Ex schüttelten sich kühl die Hände.

Ja, und nun? Volker setzte sich zu seiner Mutter auf das Bett und schaute sich um. „Mein Gott! Mutter! Aber das ist ja alles noch viel schlimmer als ich erwartet habe! Kein Bild an den Wänden, keine Pflanze, keine persönlichen Dekos, keine Bücher, keine deiner Möbel, höchstens das Fernseh-Dings da. Mutter, so kann man doch nicht leben, was habt ihr euch denn bloß dabei gedacht? Paula! Ich weiß, du hast dich aufgeopfert für meine Mutter, dafür danke ich dir auch. Aber sie ist natürlich meine und nicht deine Mutter, da fehlt es dir eben doch an der emotionalen – äh – am Engagement. Mutter", wandte er sich jetzt an eine zunehmend verstörte Margarethe, „ich bin froh, dass ich gekommen bin. Ich werde mich mal ein bisschen um dich kümmern. Du brauchst doch Anreize, damit du wieder etwas mehr Lebenslust entwickeln kannst. Dein Leben lang hast du dich mit so vielen Büchern und Reisesouvenirs umgeben, diese orientalischen Tücher überall und so, es war ja manchmal kaum zum Aushalten, aber wenigstens doch immer gemütlich. Und dann das jetzt ... wie eine Mönchszelle!" „Nonnenzelle, wenn schon", kam es von Mark, der die ganze Zeit konsterniert seinen Vater betrachtete, auf den er sich doch eigentlich gefreut hatte.

Paula war aufgestanden und zog ihre Jacke an. Sie küsste und streichelte beruhigend ihrer Schwiegermutter die Stirn und lächelte sie verschwörerisch an. „Ich komme morgen wieder, versprochen!" Doch Margarethe war ganz aufgelöst, schaute verzweifelt um sich und krallte sich an Paulas Arm fest. Wie gehetzt stieß sie hervor: „Paula, wer ist der Mann? Was will der? Ich kenn den, aber was will der von mir?" Sie war sichtlich in Panik und ließ Paulas Arm nicht los.

Volker war ans Fenster zu Mark getreten und raunte ihm ins Ohr: „Was hat deine Mutter denn bloß mit Oma Margarethe angestellt? Die ist ja völlig neben der Kappe. Deine Mutter hat wohl immer noch nicht aufgehört, einen Keil zwischen mich und meine Mutter zu treiben." Wütend schaute Mark seinen Vater an. „Ach, hör auf, hör bloß auf! Und du brauchst auch gar nicht zu flüstern, sie hört sowieso alles. Oma hat Ohren wie ein Luchs."

Wie sollten sie unbeschädigt aus dieser Situation herauskommen? Volker übernahm die Verantwortung, wenn auch ohne Verständnis, entschuldigte sich für eventuelles Fehlverhalten und schlug vor, ganz ruhig und sachlich die kommenden Tage zu planen. Es stellte sich heraus, dass er in der folgenden Woche Termine an mehreren Unis in Deutschland haben würde und deshalb am eigentlichen Geburtstag, am Dienstag leider nicht anwesend sein könnte.

„Ach, ja, ich habe Geburtstag", murmelte Margarethe. Sie hatte sich anscheinend etwas beruhigt. „Ja. Klar. Du bist doch Volker. Paula, das ist mein Sohn Volker. Von Stral – äh – Strau-" Alle waren ganz still.

„Ja, von Australien, Margie. Das stimmt. Er ist dein Sohn, und er wollte dich gern mal wiedersehen." Aber leider ist er der gleiche Arsch geblieben wie eh und je – das hätte Paula zu gern hinzugefügt.

Bevor er zu seinem Hotel ging, schuf dieser Sohn tatsächlich noch eine weitere Situation, die brenzlig hätte werden können: Er plante, am folgenden Wochenende Margarethes Geburtstag nachzufeiern, in einem gemütlichen kleinen Restaurant, nichts Großes, nein, aber vielleicht mit ein paar Gästen aus dem akademischen Bereich, und nachmittags ein Ausflug zum Burgcafé, alles ohne Anstrengung. Sie musste doch mal ein bisschen rauskommen, sie war doch eigentlich so ganz fit und sollte vor allem diesen 95. Geburtstag noch lange in froher Erinnerung behalten.

Margarethe hatte immer noch ihre Hand auf Paulas Arm. Sie war inzwischen ganz ruhig geworden und schien wieder in der Wirklichkeit angekommen zu sein. Sie nickte mehrfach milde zu Volkers Plänen. Dabei zeigte sie einen Ausdruck, den Paula und Mark als listig und auf jeden Fall als widerstandsbereit erkennen konnten. Vielleicht war ihr ja auch bewusst geworden, dass Paula sowieso sämtliche Vollmachten hatte, sie bestimmte letztlich über alles, was passieren sollte, auch wenn Volker das anscheinend vergessen hatte.

Am Dienstag organisierte Paula Kaffee und Kuchen für das Schwesternzimmer der Station und steckte einen größeren Geldbetrag in die allgemeine Ausflugskasse. In Margarethes Raum versammelten sich Paula, Mark und Viola mit Margarethe um den schönen runden Tisch. Mark hatte eine Marzipan-Torte gebacken mit viel Sahne, und außerdem gab es natürlich den allseits beliebten Bienenstich. Das Haus hatte mit edler Glückwunschkarte einen üppigen Rosenstrauß gespendet, dessen Duft den ganzen Raum erfüllte.

Margarethe erhielt von Viola ein kleines Päckchen in Geschenkpapier, und als sie es auspackte, entfuhr ihr ein freudig überraschtes und langgezogenes „Oohh!" Auch von Paula kam nun ein „Oh", bewundernd, wenn auch vermischt mit einer kleinen Spur von Eifersucht. Schon lange hatte sie einen Handschmeichler für Margarethe besorgen wollen, aber bei der Absicht war es bisher geblieben. Dieser hier war unregelmäßig oval und bestand aus einem dunkelgrünen und zart gebänderten Malachit. Seidig glatt und wunderschön anzusehen. Margarethes Lieblingsstein in ihrem Lieblingsgrün. Hatte Viola das denn gewusst?

Die junge Frau freute sich über den Erfolg, musste sich allerdings bald verabschieden, weil sie noch einen Termin im Haus hatte. Daher verpasste sie ein weiteres Highlight für Margarethe: Auf Marks Laptop gratulierte Anton seiner Oma von Australien aus über Skype. Sie hatte dieses Medium immer abgelehnt, aber jetzt freute sie sich doch sehr darüber.

Danach war sie etwas ermüdet und äußerte: „So, diese Jubilarin hier möchte sich gern schon mal in ihr bequemes Bett legen. Ich kann den Film doch von da aus ansehen, nachdem ich mich bettfein gemacht habe, oder?"

So wollten sie es machen. Mark hatte nämlich in einem Archiv eine alte Dokumentation über Wildkatzen und Luchse in Europa entdeckt, in Schwarz-Weiß. Durch diesen Film erfuhr nun der „Biologiephobiker", wie er von seinem Bruder genannt wurde, dass Luchse nicht nur Pinselohren hatten – das wusste ja sogar er – sondern auch auffällig kurze Schwänze. „Na ja, so richtig gelungen sehen die aber nicht aus!" murmelte er grinsend.

Nach Ende der Doku sagte Margarethe mit einer gewissen Feierlichkeit: „Das war ein schöner Abschluss für einen schönen Geburtstag". Sie nahm Paula und Mark zum Abschied ungewohnt lange in ihre Arme. „Ihr beide, ihr habt mich immer sehr glücklich gemacht. Das dürft ihr nie, nie vergessen, auch wenn andere das vielleicht nicht richtig verstehen und auch wenn euch bald einiges sehr merkwürdig vorkommt. Ihr seid besondere Menschen. Ich liebe euch sehr, und das wird auch nicht aufhören." Nach einer kurzen Pause: „Und ihr müsst wissen: Für mich wird alles gut."

„Ach, Omi", sagte Mark verlegen und versuchte einen kleinen Scherz, „du bist so feierlich, als wärst du heute mindestens 95 geworden". Paula lächelte, nickte Margarethe zu und schob ihren emotional aufgewühlten Sohn sanft aus dem Raum.

Margarethe klingelte nach der Schwester und bat darum, nicht mehr gestört zu werden nach der ganzen schönen Aufregung dieses Tages. Auch kein Abendbrot mehr nach dem vielen Kuchen. Und am nächsten Morgen wolle sie etwas länger schlafen als gewöhnlich. Es ginge ihr übrigens sehr gut.

Und das stimmte auch. Sie dehnte und streckte sich in ihrem Bett und genoss die Glätte der Seide an ihrem Körper. Nach einer Weile überprüfte sie, wie sich wohl ihre Haut anfühlte, aber es war noch alles wie immer. Sie wusste, sie sollte jetzt etwas schlafen, der TRAUM würde sie schon rechtzeitig wecken. Den betörend glatten Malachit hielt sie in ihrer linken Hand. Vielleicht dachte sie dabei noch „schade eigentlich …", bevor ihr die Augen zufielen und sie in einen tiefen Schlummer glitt.

Als Schwester Nicole am folgenden Morgen – etwas später als gewöhnlich – das Frühstück in Margarethes Zimmer trug, war das Bett… leer. Im Bad war Margarethe nicht, auf dem Balkon auch nicht. Der Rollator stand an seinem Platz. Über die Brüstung des Balkons war sie auch nicht gefallen.

Die Aufregung war groß, beim Personal, bei der Familie, bei der Polizei. Als schließlich auch die Bewohner des Hauses befragt wurden, machte die Zimmernachbarin, Frau Heise, eine etwas skurrile Aussage: In der vergangenen Nacht hatte sie wegen Kopfschmerzen nicht schlafen können, deswegen hatte sie sich schließlich auf ihren Balkon gesetzt. Gegen Morgen, es dämmerte schon langsam, sah sie, dass die Balkontür ihrer Nachbarin mal wieder offen stand. Und während sie gerade hinüberschaute, kam aus dem Zimmer eine große Katze geschlichen, sie sprang auf die Brüstung, von dort direkt in den Kastanienbaum und war in Nullkommanix verschwunden.

Der Polizist schmunzelte amüsiert, schrieb aber alles höflich und gewissenhaft auf. Die Kriminalpolizei war inzwischen eingeschaltet worden und ermittelte bereits in viele Richtungen. Bei einer erneuten Befragung sprach Frau Heise nun von einer „riesigen" gefleckten Katze mit ziemlich hohen Beinen. So eine große hatte sie in ihrem Leben noch nie gesehen, höchstens im Fernsehen. Übrigens war der Schwanz erstaunlich kurz, wie abgehackt.

Als Paula das hörte, erstarrte sie unmerklich, und Mark hielt für einen Moment die Luft an.

Die Schwiegertochter und der Enkelsohn äußerten, – so wurde zu Protokoll genommen – dass auch sie keine Erklärung für die Vorkommnisse hatten. Sie durften nach dieser Befragung gehen, sollten sich vorerst zur Verfügung halten.

Auf dem Heimweg vermieden es Paula und Mark, einander anzuschauen oder miteinander zu reden. Beide sahen verträumt und wie verzaubert in sich hinein. Wohl auch traurig, ja. Aber vor allem wundersam glücklich.

Gaba Weis
Draußen

Draußen I

Ich habe die Augen geschlossen und spüre so viel:
Die Sonne durchwärmt meine Haut, der sanfte Wind
streichelt mir über die Wangen.
Die Vögel im leise rauschenden Blätterdach singen ihre wehmütig-
sehnsüchtigen Melodien.
Durch die schwirrende Hitze angeregt, verströmen die Blüten ihr
schönstes Parfüm.
Das Summen und Brummen der Insekten wird nur unterbrochen
vom schweren Flügelschlag der Vögel.
Von Ferne zählt die Kirchenuhr die Viertelstunden, aber kein
Mensch weit und breit.
Sie sind in ihren Höhlen: Wie schön!
Ich habe die Augen geschlossen und spüre so viel!

Foto: Birgit Heymann

Draußen II

Ich habe die Augen geschlossen und spüre so viel:
Der Regen durchnässt meine Haut, stürmische Böen
zerzausen mein Haar.
Im peitschenden Blätterdach angstvoll schweigen die Vögel.
Vom Winde zerrupft, hängen entblättert die welkenden Blüten.
Blätter und Äste fliegen durch die Luft, keinem Tier begegnend.
Von Ferne zählt die Kirchenuhr die Viertelstunden, aber kein Mensch
weit und breit.
Sie sind in ihren Höhlen: Wie gut!
Ich habe die Augen geschlossen und spüre so viel!

Bild: Im Regen   *Samira Belmonte*

Claudia Liersch
Geborgenheit

Inspiriert durch das Wiegenlied „Slowing down", getextet und gesungen von Martina Scheible.

Leise schiebt sich der trockene Sand zwischen meine Zehen. Schaufelnd, die Fußspitze bei jedem Schritt eingrabend, um das Kribbeln der rieselnden Quarzkörner zu spüren, pilgere ich gedankenverloren über den menschenleeren Strand. Die Sandkörner sind angenehm warm. Sie speichern die Sonnenstrahlen, die weich und zärtlich die Haut streicheln und sich kuschelig und behaglich anfühlen. Rhythmisch, gleichmäßig ruhig plätschernd rollen die Wellen an. Das meditative Rauschen versetzt mich in eine erholsame Trance. Ab und zu drängt sich eine Muschel in mein Blickfeld, unterbricht an einer klitzekleinen Stelle das Funkeln der Quarzkörner in der Sonne. Zu eigenwilligen, wie zu der schneckenförmigen Schönen, die ihre frechen kleinen Stacheln in die Höhe streckt, bücke ich mich, betrachte sie und bewundere ihre Architektur.

Ein leichter Wind streichelt sanft meine Haut und schleicht durch meine Haare, als deine Finger sich von hinten zärtlich zwischen die meinen schieben. Deine behutsame Berührung überträgt Kraft, Verständnis, wortloses Verstehen, bummelnd im Gleichschritt. Schweigend, die Nähe des anderen genießend, gehen wir zusammen einig weiter.

Gemeinsam setzen wir uns in den warmen Sand, spüren die Harmonie, schauen in die Weite. Dorthin wo das Blau des Meeres und das Blau des Horizontes sich mischen. Die Tiefe des Himmels, leergewischt von Wolkenfetzen, deutet uns Unendlichkeit an. Hüllt uns ein. Lässt uns versinken. Der gleichmäßige Takt der Wellen beruhigt, entschleunigt. Wir lehnen uns zurück. Lassen uns fallen. Halten uns an den Händen, schließen die Augen, riechen das Meer, spüren die warme Luft, die leichte Brise und die vertraute, sichere Nähe des anderen. Entspannung.

Liebe, Geborgenheit, tiefer innerer Frieden lassen uns wegschlummern. Ein Schlaf, der immer währen könnte.

Foto: Claudia Liersch

Martina Scheible
Mein Weihnachten

Eine meiner frühesten Kindheitserinnerungen sind die roten Glaskugeln am Weihnachtsbaum und die Musik, die für mich zu Weihnachten gehört. Ich bin gegen Ende Oktober geboren, und es muss das zweite Weihnachtsfest meines Lebens gewesen sein, bei dem ich gerade ein Jahr alt war, als ich es zum ersten Mal wirklich wahrnahm – nicht als Fest der Geschenke, sondern als sinnliche Erfahrung.

Da war der Christbaum im Wohnzimmer, der so gut roch, nach frischem Nadelholz und „draußen" und nach den echten Bienenwachs-Kerzen, mit denen wir ihn jedes Jahr dekorierten.

Da war die Musik meiner Mutter, die immerzu sang und Klavier spielte, zur Weihnachtszeit besonders geistliche Arien und Weihnachtslieder. Und dann die Musik von Schallplatten – das Weihnachtsoratorium von Bach, die Weihnachtsgeschichte von Orff, noch mehr Weihnachtslieder, eine ganze klingende Welt.

Benennen kann ich das natürlich erst im Nachhinein, aber meine Mutter hatte schon mit mir im Bauch gesungen und Klavier gespielt, und bis heute fühle ich mich immer besonders geborgen, wenn sich für mich Musik mit körperlicher Nähe verbindet.

Und da waren die Dekorationen am Weihnachtsbaum – Strohsterne, besonders der große Stern von Bethlehem, der sich schützend von der Spitze des Baumes neigte; fröhliche Tiere und Schneeflocken und Herzen aus hellem und rotem Holz; zarte Silberglöckchen und Porzellanglöckchen; aber vor allem die

Glaskugeln und Glastropfen, durchsichtig und in tiefem Rot, die zu schwingen und klingen schienen, wenn man sie nur ansah.

Abends schimmerten die Glaskugeln geheimnisvoll und fast unwirklich, im Lichte der angezündeten Bienenwachskerzen, die so warm und liebevoll mit dem Baum um die Wette dufteten.

Aber die intensivste Erinnerung ist wohl die an einen Mittag in den Weihnachtstagen, an dem von draußen eine herrliche Wintersonne ins Zimmer schien, die – es war ja im Dezember – sehr tief stand und deren Strahlen direkt durch die roten Christbaumkugeln hindurch leuchteten. Ich habe eine ganz lebendige, emotionale Erinnerung daran und meine Mutter hat mir später mehr Details dazu erzählt, wie ich, auf ihrem Arm sitzend, andächtig, strahlend und voller Verlangen meine kleinen Hände nach einer so wundersam roten, ihr innerstes Geheimnis offenbarenden Glaskugel ausgestreckt hatte, während sie mir ein Lied vorsang.

Die Kugel schien größer und größer zu werden und wurde zu meinem ganzen Universum – aller Sinn und alle Sinne meiner sich weitenden Welt gewiegt und aufgehoben im klingenden runden durchsonnten Feuer.

Lore I. Lehmann

Pins Parasols

Es ist ihr nicht leicht gefallen, mit einer Hand diesen etwas vergammelten eisernen Gartenstuhl in den Schatten zu zerren, in den Schatten eines riesigen Magnolienbaums. Seine Blüten gehen in diesen Tagen gerade auf. Mit der anderen Hand hat sie ihr Handy und vorsichtig, ohne einen Tropfen zu verschütten, eine Tasse Espresso balanciert. Sie sitzt nun im weitläufigen und idyllischen Garten einer alten toskanischen Villa und kommt zur Ruhe, zu einer genussvollen entspannten Ruhe. Die Frösche im Seerosenteich neben ihr, die bei ihrem Herannahen in Panik ins trübe Wasser gesprungen waren, sammeln sich allmählich wieder auf den großen Blättern.

Von hier aus kann Nora weit über das Tal sehen, bis zu den sanften Hügeln auf der Seite gegenüber mit der selten befahrenen Schotterstraße. Ihr Blick ist nur wenig verstellt durch einige Zypressen, die sich dunkel gegen den heute etwas diesigen Himmel abheben. Das untere Ende dieses abschüssigen Grundstücks ist erkennbar an einem breiten wilden Gestrüppstreifen. Sie hat darin schon Ginster – er blüht gerade leuchtend gelb –, jede Menge Zistrosen, drei Olivenbäumchen und einen Oleander entdeckt. Und zu ihrer Freude stehen dort auch zwei malerische Bäume, der eine sehr groß, der zweite etwas kleiner. Der deutsche Name fällt ihr gerade nicht ein. Es sind kiefernähnliche Bäume, oft einzelnstehend, mit breit ausladenden Kronen. Sie wachsen in vielfältigen Formen und sehen besonders als Silhouetten vor Sonnenuntergängen sehr fotogen aus. Sie mag diese Bäume.

Sie betrachtet sie sinnend, und zunehmend lösen sie dabei in ihr eine diffuse romantische Sehnsucht aus, ein Ziehen im Herzen, ein weit zurückliegendes, schmerzlich-schönes Gefühl. Woher kommt das? Sie sehen wie ein beschützender Schirm aus. Auf

Französisch heißen sie auch pins parasols, fällt ihr ein, also Sonnenschirm-Pinien.

Und plötzlich bekommt sie ein Zipfelchen Erinnerung zu fassen: Pins parasols – Gisèle – Juan-les-Pins! Fünfziger Jahre. Sie war wohl 17, noch Schülerin jedenfalls. Unter den pins parasols dort am Mittelmeer ließen sie sich nieder, wenn Gisèle Mittagspause hatte und sich mit ihren Freunden, ihren copines und copains, an dem felsigen Strand traf. Sie waren alle britzebraun, sportlich, gute Schwimmer und waghalsige Taucher. Gisèle wild und anmutig allen voran. Sie waren witzig und übermütig miteinander und immer nett zu ihr, dem extrem schüchternen und wasserscheuen Wesen aus dem Norden.

Der Norden, das war in diesem Fall Hannover. Hier hatte Gisèle einen langen dunklen Winter verbracht, um etwas Deutsch für die Touristen zu erlernen. Sie arbeitete im Sommer nämlich als Verkäuferin in einer Parfümerie, in ihrem Heimatort Juan-les-Pins an der Côte d'Azur.

In Hannover hatte sie eine Au-pair-Stelle in Noras Familie gehabt. Sie führte den Hund aus, ging mit dem seit kurzem gehbehinderten Vater spazieren, half manchmal im Haushalt und war bald durch ihren Deutschkurs in eine Clique lebenslustiger ausländischer Mitschüler integriert. Ein wenig kam das auch Nora zugute, denn manchmal konnte sie die Gruppe ins Kino oder auf einen Ausflug begleiten. Um sie war es vorher etwas einsam geworden, weil ihre eigenen Freundinnen von der Schule abgegangen waren und inzwischen selbst als Au-pair in London, Lille und Luxemburg lebten.

Gisèle war wohl nur wenig älter als Nora. Sie war schlank, hübsch, obwohl Mund und Nase etwas zu groß waren, mit bräunlichem Teint, glutäugig – wie Noras Mutter immer sagte – und meistens gut gelaunt. Wie ein Wirbelwind brachte sie mit ihrem Temperament Bewegung in den etwas starren und oft freudlosen

Familienalltag, in dem jeder weitgehend für sich lebte. Sie nannte die Eltern zärtlich Muty und Vaty und ihre Freundin Nora-Ase – bei ihren Eltern hieß sie nämlich immer noch „Hase". Sie bezirzte auch den kleinen Bruder, den Hund und sogar die mürrische Hausangestellte. Eigentlich waren alle in sie verliebt.

Ob Nora wohl manchmal eifersüchtig auf sie war? Vermutlich ja, aber sie kann sich jetzt nicht daran erinnern. Sie glaubt, Gisèle war loyal und kameradschaftlich ihr gegenüber.

Sie beide schliefen in einem Zimmer. Nora besaß einen Plattenspieler und Schellack-Platten mit überwiegend klassischer Musik. Sie liebte diese Musik und betrachtete sie oft als Trost und Helfer in unglücklichen Momenten. Doch anderen Menschen gegenüber war ihr das manchmal peinlich, und so hatte sie sich erfolgreich Mühe gegeben, mit ihrer Freundin Roswitha ausgiebig für Vico Torriani zu schwärmen. Und jetzt, dank Gisèle, entdeckte sie die Welt der amerikanischen Schlager. Vor allem The Platters hatten es ihnen beiden angetan, sie hörten immer wieder The Great Pretender oder Only You, lernten die Texte auswendig und sangen möglichst perfekt und gefühlvoll mit. Eigentlich konnte Gisèle nicht singen, fand Nora, die jahrelang im Hannoverschen Mädchenchor gesungen hatte. Doch das machte nichts – die schwärmerischen Gefühle dabei waren viel wichtiger. Auch Elvis schnulzte wunderschön für sie oder The Everly Brothers. Sie träumten.

Zum Saisonstart war Gisèle dann zurück am Mittelmeer. Der Familienalltag in Hannover wurde wieder grauer und öder, der ihrige wahrscheinlich so bunt und übermütig und sonnenheiß, wie sie ihn immer beschrieben hatte. Nora konnte sich das gar nicht vorstellen. Das Meer kannte sie sowieso nur von zwei Überfahrten zwischen Hoek van Holland und England, nachts, bei Sturm. Die Nordsee eben.

Aber dann kam von Gisèles Eltern eine Einladung an Nora nach Juan-les-Pins! Sie sollte die Sommerferien bei ihnen verbringen. Sie wohnten in einem winzigen engen Haus, in dem es nur zwei Wohnräume gab: Wohn- und Schlafraum der Eltern und eine kleine Kammer für Gisèle. Diese wurde Nora zur Verfügung gestellt, darüber gab es keine Diskussion. Wo Gisèle während dieses Aufenthaltes schlief, weiß Nora nicht mehr. Man betrat ihr etwas chaotisches Zimmerchen über einen kleinen Innenhof mit meistens behängten Wäscheleinen, mit einer Palme im Kübel und rosa Bougainvilleas, die sich von Blumentöpfen, die an den Wänden aufgehängt waren, üppig verbreiteten. Die Räume waren den ganzen Tag über abgedunkelt gegen die Sonne – das leuchtete Nora schnell ein, denn noch nie hatte sie solch eine glühende Hitze erlebt.

Gisèles Mutter war eine dünne, bleiche, schütterhaarige ältere Frau, sehr still und zurückgenommen. In Noras Erinnerung war sie meistens mit Handarbeiten beschäftigt oder mit dem Lesen von Illustrierten und verließ selten das Haus. Den Vater hingegen zog es nicht so sehr in sein eigenes Haus. Er schien es ja auch mit seiner Gegenwart förmlich zu sprengen: Er war groß und korpulent, aber sehr agil trotz all seiner Fülle. Das Haus war einfach zu klein und seine Frau darin wohl zu mäuschenartig für ihn, das fiel sofort auf. Er war auch schon ein älterer Mann, seit langem im Ruhestand, von welchem Beruf auch immer. Vielleicht Handwerker oder Fischer?

Noras Schüchternheit gefiel seiner Frau sehr gut, eine solche Tochter hätte sie wohl haben mögen. Ihn machte das anfangs etwas ratlos, doch nach einer Weile kamen sie ganz gut miteinander zurecht. Manchmal erzählte er mit seiner tiefen Reibeisen-Stimme kleine Anekdoten aus seinem Leben. In Juan kannte er Gott und die Welt. Alle alteingesessenen Einwohner anscheinend sowieso, aber wie beeindruckt war Nora, wenn er von seinen freundschaftlichen Kontakten zu Picasso und Chagall sprach, die beide in der

Nähe wohnten! Auch von den Reichen und Schönen dieser Welt hatte er einige bei Wein oder Kaffee oder wo auch immer kennengelernt, Juan war ja ein mondäner Anziehungspunkt für solche Menschen. War er ein Aufschneider? Wahrscheinlich nicht, denn Gisèle bestätigte seine Erzählungen, aber ein wenig damit angeben mochte er offensichtlich. Vielleicht schmückten sich einige aus der Schickeria mit ihm, er war ja originell und urig. Allerdings schien er seinerseits im Grunde nur Künstler, Fischer und Gastwirte wirklich zu respektieren. Vielleicht noch ein paar Aussteiger aus der Gesellschaft. Trug er eigentlich einen Vollbart? Nora glaubt es, doch vielleicht drängt sich da auch ein Klischee-Bild in ihre Vorstellung. Es würde so gut zu ihm passen!

Sie versucht, sich gründlicher an jenen Sommer ihrer Jugend zu erinnern. Nach und nach fällt ihr tatsächlich vieles wieder ein. Doch vor allem möchte sie herausfinden, warum ihre Gefühle bei diesen ersten Gedanken daran so widersprüchlich sind. Schmerzlich-schön. Schön – ja, unglaublich schön war es dort gewesen, der Himmel, die Sonne, das Meer, die vielen Blumen, die herrliche Landschaft, die besonders malerischen Bäume und vielerlei intensive Gerüche. Alles völlig neu für sie und geradezu unfassbar... schön eben. Aber was daran war schmerzlich? Damals schon, als sie dort war? Oder erst später, bei der Erinnerung an jene Zeit?

Fotos, mit denen sie ihrem Gedächtnis auf die Sprünge helfen könnte, gibt es nur zwei, jeweils von einem der allgegenwärtigen Straßenfotografen gemacht. Sie hat sie im Laufe ihres Lebens des Öfteren in ihrem Album angeschaut, und sie sieht die Bilder jetzt deutlich vor Augen: Auf einem Foto entsteigt sie im Bikini dem Meer, und auf dem anderen geht sie abends – anscheinend forschen Schrittes – auf der Strandpromenade entlang. Sie erinnern sie daran, dass sie ziemlich oft allein unterwegs war, denn Gisèle musste ja in der Parfümerie arbeiten, bis sehr spät abends und auch an den Wochenenden. Der Laden umfasste nur wenige

Quadratmeter, und in ihrer Erinnerung war er überwiegend in Türkis, Weiß und Gold gehalten. Gisèle trug dort auch immer Kleidung in diesen Farben. Sie war dezent geschminkt – in ihrer Freizeit hatte ihr Vater jede Schminke verboten – und sie redete mit den Kundinnen sehr diszipliniert, mit zurückhaltendem Charme. Eine ganz andere Gisèle als die, die sie sonst kannte. Ihre Freundin war froh, diesen Job zu haben, obwohl ihr klar war, dass sie gnadenlos ausgenutzt wurde. Manche der Parfums, die sie im Laden verkaufte, kosteten mehr, als ihre Eltern im ganzen Monat zum Leben ausgeben konnten!

Monsieur Paupy, Gisèles Vater, liebte anscheinend das Leben, das er führte. Manchmal hatte er wohl Bedenken, Nora als schüchterne und in ihren Äußerungen stark gehemmte Deutsche könnte so lebensabgewandt und sinnenfeindlich werden wie seine elsässische Frau. So nahm er sie gelegentlich mit, wenn er Lebensmittel einkaufte. Das war ein wichtiger und sehr sinnlicher Teil seines Alltags und nahm viel Zeit in Anspruch. Er beguckte, befühlte und beschnupperte ausführlich alle Waren, verglich sie und besprach sich vertraut mit den Verkäufern. Nora lernte von ihm, die Reife von Honigmelonen am Duft und die von Wassermelonen am Klopfgeräusch zu erkennen. Dazu gehörte dann offensichtlich eine fachmännisch-konzentrierte Mimik. Courgettes wurden zu ihrem Lieblingsgemüse, und sie erinnerte sich, dass Gisèle sie in Hannover vergeblich gesucht hatte. Heute wachsen sie ja längst auch in Deutschland, unter ihrem italienischen Namen Zucchini. Monsieur Paupy verarbeitete die eingekauften Lebensmittel in seiner winzigen schlichten Küche zu köstlichen Gerichten. Mediterrane Küche eben, wie sie heute jeder kennt. Nora hatte bis dahin so etwas noch nie gegessen. Seine Frau kochte nicht und aß auch nicht gern.

Und dabei fällt ihr nun ein: Er war Koch gewesen, nicht Fischer, nicht Handwerker, nein – ein Koch. Natürlich! Und zwar die meiste Zeit seines Lebens in Paris, in renommierten Hotels, wie er sagte. Und noch etwas fällt ihr dabei ein: Er deutete einmal an, er habe als ganz junger Mann in einem Hotel etwas mit der sehr viel älteren und weltberühmten Schauspielerin Sarah Bernhardt gehabt, wohl so eine Art One-Night-Stand. Na, wenn das man stimmte! Gisèle war sich da auch nicht ganz sicher, aber die Geschichte gefiel ihr, für möglich hielt sie sie.

Beim Thema Männer und Frauen und Sex hielt Monsieur Paupy sich meistens bedeckt und redete mehr in Andeutungen. Sehr direkt hingegen sprach er Nora mehrfach auf ihre Akne an, er hatte dagegen nämlich ein probates Rezept: ein Mann im Bett! Beim ersten Mal war sie konsterniert, doch dann wurde klar: natürlich nur in der Ehe! Sie sollte so bald wie möglich heiraten! Es ging also um die Bändigung der Hormone, das aber in aller Korrektheit.

Das leidenschaftliche wilde Leben mit One-Night-Stands war wohl nur etwas für Männer, allenfalls für Künstlerinnen oder verheiratete Frauen. Und Nutten natürlich. Kein Wunder also, dass Gisèle streng kontrolliert wurde, von beiden Eltern. Ihr Kommen und Gehen, die Kleidung, ihr Auftreten und auch ihre Wortwahl. Ihre Mutter wollte immer wissen: Est-ce pour le bon motif? Ist es ernst, wird es in einer Heirat enden? Die beiden Mädchen machten sich oft darüber lustig, es wurde zu einer Art Running Gag zwischen ihnen. Es war also nicht erstaunlich, dass Gisèle ihre Eltern routiniert belog und ihre Freundin für Ausreden gelegentlich einspannte, wenn sie sich noch außerhalb der Mittagspause mit ihrer Clique treffen wollte. Oder – noch schlimmer – allein mit Jean-Claude, dem umwerfend schönen und selbstsicheren Star unter den Freunden! Sie war schwer verliebt in ihn. Nora wusste nicht, was sich zwischen ihnen abspielte, wenn sie allein waren, aber sie wusste, dass Gisèle ganz ohne Zweifel bis zur Ehe Jungfrau bleiben würde. Oder jedenfalls unbedingt bleiben wollte. Das war ihr heilig.

Mittags unter den pins parasols passierte also nichts wirklich Verbotenes. Die Freunde aßen irgendetwas Mitgebrachtes, eine Quiche oder einen Croque-Monsieur. Sie schwammen und tobten im Wasser, rangelten miteinander oder ruhten einfach träge in der Mittagshitze aus, im Schatten, auf dem intensiv würzig duftenden Teppich von Piniennadeln. Dabei war die Stimmung aber so erotisch aufgeladen, wie Nora das noch nie erlebt hatte. Keiner der Jungen wirkte auf sie attraktiv, nicht einmal Gisèles schöner Jean-Claude. Doch die prickelnde Atmosphäre steckte sie an und ließ sie sehnsüchtig träumen.

Eigentlich weckte schon der ganz normale Tagesablauf in Juan mit seinen vielen sinnlichen Genüssen in ihr zunehmend ein neues und manchmal geradezu rauschhaftes Lebensgefühl. Sogar die Haut auf ihren Armen und Beinen trug dazu bei: Sie war besonders samtig durch den Saft ausgepresster Zitronen gegen immer wieder auftretende Sonnenbrände und durch das Salz des Meeres, sodass es ihr selbst ein Genuss war, darüber zu streichen.

Monsieur Paupy zeigte ihr eines Tages seine Mappe mit einigen Zeichnungen von Chagall und Picasso. Auch diese wirkten auf sie erotisch und erotisierend. Es passte eben alles zueinander, der gezeichnete Gott Pan und Ziegen, Wein, Courgettes in Monsieur Paupys Pfanne, das mal seidige, mal wildbewegte Meer, die sengende Hitze, ihre salzige Haut nach dem Schwimmen und auch Männer, die ihr hinterherpfiffen.

Was machte sie mit ihrer Sehnsucht nach Lebensgenuss und gelegentlich sogar nach wilder Ekstase? Nun – was schon? Die Ferien gingen zu Ende, sie war immer noch schüchtern, packte ihren Koffer und fuhr zurück nach Hannover. Nach Hannover!

War dieser Bruch nun neben dem schönen Gefühl das gesuchte Schmerzliche, das die Gedanken an die pins parasols in ihr auslösen? Ja, sie glaubt, es war so. Ihre Erinnerung an die Heimkehr in das deprimierend graue und steife Hannover der fünfziger Jahre.

Doch es war wohl noch etwas anderes dabei: Ihr Gefühl damals, die Eindrücke am Mittelmeer zwar begierig aufgenommen zu haben, aber mehr wie ein Zuschauer, ein Gast. Sie hatte ja doch nicht wirklich dazugehört.

Als sie zurückkam, war sie durcheinander und ratlos. Sie wusste nicht, wohin sie eigentlich gehören konnte, was sie vom Leben wollte. Sie wusste nur eins: Hannover wollte sie nicht.

Sie war jedoch nicht wirklich traurig und schon gar nicht resigniert. Die sonnendurchglühten Erlebnisse konnte ihr keiner wieder nehmen. Zwei Jahre später wagte sie dann tatsächlich den Ausbruch aus ihrer als öde empfundenen Welt, und sie versuchte, einige ihrer Träume in der Wirklichkeit zu leben.

Aus dem ersten Zipfelchen Erinnerung ist nun doch ein großes Stück geworden, sogar ein für ihr Leben ziemlich wichtiges, wenn sie bedenkt, wie unerwartet stark die Eindrücke waren, die sie damals mit nach Hause genommen hatte. Womöglich wäre sie ohne sie später gar nicht nach Ägypten gegangen?

Sie hat im Laufe der Jahrzehnte ihre Reise nach Juan-les-Pins doch tatsächlich fast vergessen! Und ohne diese toskanischen pins parasols hier in ihrem Blickfeld wäre das wohl auch so geblieben.

Foto: Lore Lehmann

154

Ruth Finckh

Februar

Und wieder riecht heute
der Wind
nach nichts
und das Grau
zieht den Himmel zu.
Gestern
hing schon ein grüner
Hauch in der Luft.

Er ist fort,
doch die Meise
weiß es noch.

Hoch in der nackten
Spitze des Walnussbaums sitzt sie und singt
Kiwu – Kiwu
ganz als sei
der Tag
grüngolden
wie
je.

Samira Belmonte
Sinnlich

Ich entsage meinen Sinnen – sie plagen mich nur.
Ich entsage meiner Sinnlichkeit – sie quält mich nur.
Entsinne mich,
entschwunden ist er
dort im Äther
kleiner Lichtpunkt, feiner.
Wie wär ich gern so einer.
Nichts spüren und nicht hören,
Nicht riechen und auch schmecken nicht.
Will blind sein, nicht gesehen werden.
Aller Wahrnehmung beraubt
will ich
reines Gefühl sein.
Nicht sinnlich,
sinn ich,
sondern Ich sein.

Bild: Samira Belmonte

Martina Scheible
Mezquita de Cordoba

Andalusien bereitet sich feierlich, fröhlich aufs Osterfest vor,
und ich wandle durch die Mezquita in Cordoba.
Weite luftige Hallen, teils offen nach draußen
Elegante Arkadenbögen sandfarben, terrakottarot
Erahnte, steingewordene Erinnerung
an den Wüstenwind und große, helle, freie Horizonte
Perspektiven in die Unendlichkeit
Freundlich, erdverbunden, voller Licht
Gehalten im Geheimnis der Grenzenlosigkeit.

In der Mitte düster die Kathedrale der katholischen Könige
Die Moschee in der Höhe überragend, belauernd
Das Minarett eingemauert in einen Campanile
Dunkel und wuchtig.
Wie eine Herzwunde tief ins Zentrum geschlagen
nach der Reconquista
in die lichten Weiten der Mezquita.
Demonstrierte Macht, sicher des Siegs
des katholischen Glaubens
über den fremden, entfernten Islam,
durchzogen vom süßlichen,
leicht verwesten, betäubenden
Geruch des Weihrauchs.

Fehlgeschlagen.
Die Moschee lächelt, träumend vom Wüstenwind
so viel offener, sonniger, leise amüsiert
über den trotzigen Wutanfall der Kirche,
der sich in ihren Weiten verliert.

Ich stehe im Innenhof der Orangenbäume.
Es hat geregnet vor kurzem,
aber jetzt wärmt mich die Sonne aufs Neue.
Die Orangenbäume blühen und tragen Früchte zugleich,
Anfang und Ende in einem.
In meinem Herzen ist Auferstehung.
Der frische, sonnige Duft küsst mich,
verführt mich und trägt mich
auf seinen zärtlichen, streichelnden Händen
selbst Jahrzehnte später
in die namenlose,
religionslose,
unbesiegbare,
unendlich freie
Unsterblichkeit des Lebens.

Foto: Arkaden in der Mezquita　　　　　*Manfred Kirchner*

Foto: Collage Erinnerungen an die Mezquita   Martina Scheible

Die Mezquita von Cordoba, mit ihrem großen Innenhof,
dem Patio de los Naranjos, voller Orangenbäume und
Palmen, dem ältesten (nachweislich seit dem Jahr 808)
kontinuierlich bepflanzten islamischen Garten der Welt.

Ruth Finckh   (Mitarbeit: Gernot Sander)

Wurzelraumansprache

Als die Öffnung zwischen den Buchenwurzeln plötzlich sicht-
bar wurde, erstarrte Clara vor Glück und Schrecken. Aus dem Dun-
kel strömte ein Duft von erdiger Lebendigkeit, der ihren Puls be-
schleunigte.

Eigentlich hatte sie nur lässig mit einer verbogenen Garten-
schippe im Laub um den alten Baum herumgestochert. Für das
neue Ökoprojekt im Bio-Leistungskurs, hatte sie ihrer Mutter ge-
sagt. Sie wolle den Waldboden vor der Haustür mal genauer anse-
hen, vielleicht sogar eine Probe unters Mikroskop legen. Aber in
Wahrheit war es dieses Wort in ihrem Kopf gewesen, das sie zum
Graben gedrängt hatte. Sie hatte ein bisschen in der Pomologen-
zeitschrift herumgeblättert, die ihre Eltern für die Gärtnerei abon-
niert hatten und die, wie üblich, mit allerlei anderem Papierkram
auf dem Küchentisch herumgelegen hatte. Eine Verlagsanzeige
war ihr ins Auge gesprungen:
Praxishandbuch Wurzelraumansprache.
Wurzelraumansprache.
Die Erkundung des Wurzelbereichs von Bäumen, um ihre Ge-
sundheit und ihren Ernährungszustand zu beurteilen.

Das Wort war ihr nicht mehr aus dem Kopf gegangen. Es übte
eine Faszination aus, der sie sich kaum entziehen konnte. An die
Wurzeln gehen. Sich nicht mit der Oberfläche begnügen. Die
Dinge, die an den Wurzeln liegen, ansprechen.

Es passte irgendwie zu ihr. Schon immer war sie mit ihrer hart-
näckigen Art angeeckt. Sie hatte die Erwachsenen mit Nachfragen
zu scheinbaren Kleinigkeiten genervt, hatte Dinge ausgesprochen,
die man verschweigen sollte, hatte andere Kinder verschreckt, in-
dem sie sich einfach unbedacht nahm, was sie haben wollte. Doch
sobald es um sie selber ging, war umgekehrt das Ansprechen von
Problemen gerade das Schwierigste. Wenn jemand sie bedrängte

oder kritisierte, hatte sie als Kind manchmal plötzlich laut schreien und um sich schlagen müssen, überwältigt von einer wilden Mischung aus Angst und Wut und Schuldgefühlen. Oder sie war weggelaufen und hatte sich im Buchenwald hinter dem Haus versteckt, verzweifelt schluchzend, bis sie irgendwann vor Erschöpfung eingeschlafen war. Der Wald war tröstlich, besonders wenn sie dort allein sein konnte. Das war eigentlich kein richtiges Alleinsein, sondern sie war irgendwie in Gesellschaft, aber ohne dieses ständige Gedrängt- und Getriebenwerden, das sie unter Leuten immer spürte. Fremde Blicke konnten manchmal richtig brennen, von Berührungen ganz zu schweigen. Sie hasste das. Im Wald hatte sie Luft zum Atmen.

Ihre Eltern hatten sie in solchen Momenten meistens in Ruhe gelassen und nicht nach ihr gesucht, wofür sie sehr dankbar war. Aber Sorgen hatten sie sich wohl doch gemacht, denn sie hatten sie vor ein paar Jahren zu Frau Thalmeyer geschleppt. Die Diagnose war schnell gekommen, Erlösung und Verurteilung in einem: Autismus-Spektrum-Störung. Asperger.

Nun wusste sie wenigstens, warum sie die Gefühle anderer Menschen nicht so einfach „lesen" konnte wie ihre Eltern. Gesichter sahen für sie wie Hieroglyphen aus, die ihr fremd blieben – außer, wenn sie sich anstrengte, sie bewusst zu entschlüsseln. Anscheinend hatte sie einen Sinn zu wenig. Ihr fehlte keine offensichtliche Fähigkeit wie Hören oder Sehen, sondern irgendein siebter Sinn für menschliche Empfindungen. Klar wussten alle in der Schule Bescheid, klar ging sie weiter zu Frau Thalmeyer – „Asperger ist heutzutage keine Krankheit mehr, sondern einfach eine besondere neuronale Konfiguration" und so weiter. Das half auch ein bisschen.

Aber es reichte nicht. Sie wollte sein wie die anderen. Abends im Stadtpark mit der Clique herumalbern, eine Flasche Bier in der Hand. Im Kino rumknutschen und das wirklich genießen. Solche Sachen. Stattdessen dieses ewige „So-tun-Müssen-als-ob". Sich konzentriert anpassen, indem man über alle Witze lachte, die die anderen lustig fanden, die richtigen Filme guckte und die angesagten Youtuber toll fand. Clara las manchmal abgegriffene Romane aus dem öffentlichen Bücherschrank, einfach um herauszufinden, was Menschen so alles fühlten und dachten, wie sie miteinander umgingen, einander manipulierten. Sie hatte auch schon mal versucht, Thomas Mann auf diese Weise zu lesen, als Doktor Faustus in Deutsch drangewesen war. Aber dann war ihr aufgefallen, dass überhaupt keine Frauen vorkamen, schon gar nicht als denkende Wesen. Da hatte sie es bleiben lassen und lieber ein paar Videos zum Thema „Körpersprache und Kommunikation" geguckt.

In der Schule gab sie sich große Mühe, zurechtzukommen. Sie stylte sich wie die Mehrheit, die dicken braunen Haare in einem Pferdeschwanz zurückgebunden, Schminke sparsam aufgelegt, die Jeans an den richtigen Stellen durchlöchert. Bisher war sie wenigstens an diesem Punkt nicht aufgefallen.

Aber natürlich bei der Aktion mit dem Lehrerparkplatz. Der sollte erweitert werden, indem man den halben Schulgarten planierte. Sie hatte eine Protestaktion organisiert, zusammen mit Julia und Lars aus dem Biokurs. Fast hundert Schüler und Eltern hatten vor der Schule demonstriert: „Rettet unsern bunten Garten, lasst die Autos draußen warten!" Den Slogan fand sie immer noch gut. Die Presse war dagewesen und es hatte einen Riesenaufruhr gegeben. Aber am Ende waren die Bagger doch gekommen.

Der Direx hatte nachher bei ihren Eltern angerufen und Ärger gemacht, doch die waren selber bei der Demo gewesen und hatten dem Typ bloß gesagt, dass sie Naturschutz-Engagement von jungen Leuten gut fänden. Schlimmer waren die nächsten Tage in der Schule gewesen. Selbst im Biokurs hatten ein paar Idioten „Greta 2.0" zu ihr gesagt. Wegen Asperger und so. Julia hatte Clara in Schutz genommen und gebrüllt, die sollten sowas doch erstmal selber auf die Beine stellen, und dabei war Julias rundes Gesicht unter dem fransigen Pony ganz rot gewesen vor Wut. Das hatte Clara gefreut. Aber trotzdem fühlte sie sich seither erst recht allein. So, als würde sie irgendwie im Weltraum schweben und das ganze Gewusel von außen beobachten. Kalt und frustrierend war das.

Ob es schön wäre, wenn es mal jemand bei ihr selber mit „Wurzelraumansprache" versuchen würde? Vielleicht. Frau Thalmeyer probierte das manchmal vorsichtig, und es war dann oft auch ganz hilfreich. Aber zugleich gab es kaum eine Situation, die Clara beängstigender fand. Menschen waren einfach stressig und bedrängend, selbst wenn sie nett waren. Ständig standen irgendwelche Erwartungen im Raum, unausgesprochen natürlich, sodass man erst nachher darauf kam, dass man mal wieder was vermasselt hatte. Selbst bei Lars und Julia war sie nicht wirklich sicher. Mitunter ging sie auf der Straße an den beiden vorbei und tat, als hätte sie sie nicht gesehen. Oder sie schickte sie weg, wenn sie montagabends zum Lernen kamen. Denn manchmal konnte sie einfach keine Menschen ab. Es war unglaublich anstrengend, sich dauernd den Kopf zu zerbrechen, was die Leute wohl wollten und dachten und wie man am besten darauf reagierte.

Es war gut, dass jetzt niemand dabei war, als der Steinbrocken, an dem sie mit der Schippe herumgebohrt hatte, plötzlich nachgab und in das Loch zwischen den Buchenwurzeln fiel. Der Luftzug, der aus der Öffnung strömte, ließ keinen Zweifel: Unter dem Baum war eine Höhle, wie es viele in dieser Gegend gab. Und die hatte einen zweiten Eingang, der vermutlich nicht weit entfernt lag. Clara atmete tief durch. Dann deckte sie das Loch sorgfältig ab und machte sich auf die Suche. Es dauerte Stunden, aber schließlich wurde sie fündig: Hinter einem Brombeergebüsch am nahegelegenen Hang tat sich ein Spalt auf, fast breit genug, dass sie hineinschlüpfen konnte, wenn sie die Luft anhielt. Doch sie versuchte es nicht. Eine unbestimmte Angst hielt sie zurück, und außerdem stand die Sonne hinter den Baumwipfeln schon tief. Ohnehin würde sie eine Taschenlampe brauchen, und eine Hacke am besten auch.

Auf dem Heimweg begegnete sie Lars und Julia, die vergnügt auf den Fahrrädern um die Ecke bogen. „Was machen wir heute? Gen-Analyse oder Evolutionstheorie?" Oh je. Es war Montag, das hatte Clara völlig vergessen. „Sag mal, können wir uns ausnahmsweise morgen treffen?", fragte sie Julia. „Heute geht's mir irgendwie nicht so gut." Julia seufzte. „Schon ok, wenn du meinst. Aber es wär ganz nett, wenn du nächstes Mal früher Bescheid gibst. Ich könnte morgen auch." Lars sagte nichts, sondern starrte mürrisch vor sich auf den Fahrradlenker. Als das Schweigen immer tiefer wurde, blickte er schließlich auf. Seine runden Harry-Potter-Brillengläser blitzten im Abendlicht. Er lächelte etwas gezwungen. „Ist ja wohl schon alles geklärt, oder? Ich existiere anscheinend heute nicht." „Komm schon, du weißt doch!" Julia knuffte ihn mit dem Ellbogen in die Seite. „Clara kann sich immer nur auf einen Gesprächspartner auf einmal konzentrieren. Nächstes Mal bist du dran!" Clara spürte, wie sie sich innerlich versteifte. Ihr Herz schlug schneller, der Atem stockte, das wohlbekannte Gefühl von Demütigung und Schuldbewusstsein stieg als Würgen in der Kehle hoch. Warum musste sie immer wieder Leute vor den Kopf stoßen? Doch Lars schien schon wieder versöhnt. Er meinte: „Geht in Ordnung" und grinste ihr sogar ein bisschen zu. Diesmal wirkte sein Lächeln echt.

Zu Hause wühlte Clara ihre Schubladen durch. Eine Taschenlampe hatte sie nicht, das Handylicht fand sie zu schwach. Aber in einer Ecke lag die Stirnlampe, die Lars ihr letztes Jahr zum Geburtstag geschenkt hatte. Er hatte sein Geschenk mit einer reichlich geschraubten Bemerkung begleitet – er redete gern im Psychologenjargon seines Vaters. „Wenn dein Wahrnehmungsfokus immer so eng ist, musst du wenigstens die Hände frei haben!" Scherzkeks. Aber eigentlich doch ganz einfühlsam, wenn sie so darüber nachdachte.

Am nächsten Nachmittag machte sie sich auf den Weg, angespannt und nervös wie vor einer Verabredung. Der Spalt hinter dem Brombeergebüsch ließ sich mit der Hacke erweitern, sodass sie bequem hineinpasste. Dahinter öffnete sich ein niedriger Raum mit erdbrauner Decke, der muffig roch und sich nach hinten im Dunkel verlor. Der Lichtstrahl der Stirnlampe beleuchtete herabhängende Wurzeln. Clara legte die Hacke am Eingang ab und schob sich vorsichtig weiter nach innen. Etwas knirschte unter ihren Schuhen. Ihre Hände berührten feuchte Steinkanten. Der Lichtkegel streifte einzelne Dinge, zeigte zuckende Schatten an der Höhlendecke, doch ihr Gehirn weigerte sich, einen Raum aus den einzelnen Bildern zusammensetzen. Sie zwang sich, stehenzubleiben und den Kopf langsam zu drehen. Der Lichtstreifen, wie der Strahl eines Leuchtturms, wanderte über die Wände. Nichts Bedrohliches war zu sehen. Im Inneren der Höhle fühlte sich die Luft irgendwie wärmer an als am Eingang und strömte einen angenehm erdigen, fast heimeligen Duft aus. Ob man hier wohnen konnte? Vielleicht hatte sie einen uralten Zufluchtsort entdeckt und würde bei genauerem Hinsehen auf Scherben oder Knochen stoßen! Dieser Gedanke erfüllte Clara mit Neugier und begeistertem Stolz. Doch langsam stieg trotzdem Angst in ihr auf. Sie fürchtete das Unbekannte, das vielleicht im Dunkeln zum Leben erwachen konnte, sobald ihr mühsam gebündelter Lichtpunkt weiterwanderte.

Da plötzlich ein wildes Flattern über ihrem Kopf. Sie schrie auf und hob instinktiv die Hände, um sich zu schützen. Schweiß lief ihr übers Gesicht, ihr wurde schwindelig und übel, sodass sie sich abstützen musste. Die Höhle um sie herum schien sich auf einmal zusammenzuziehen und wieder auszudehnen in einem seltsamen, riesenhaften Herzschlag, der mit ihrem eigenen übereinstimmte. Als sei sie innen und außen zugleich, als würde etwas in ihr aufreißen und sorgfältig Zurückgehaltenes unkontrollierbar verströmen lassen.

Da berührte sie ein Luftzug. Ein Schwarm Fledermäuse floh mit wildem Flügelschlag, verdunkelte kurz den entfernten Höhlenausgang und verschwand. Clara lehnte schwer atmend und mit weichen Knien an der Wand. Was war das? Eine Panikattacke? Eine spirituelle Erfahrung? Oder was?

Vorsichtig tastete sie sich ans Licht. Während sie aus dem Spalt hinter dem Brombeergebüsch herauskletterte, sah sie einige aufgeregte Fledermäuse im Zickzackflug zwischen den sonnenbeleuchteten Buchen herumirren. Zu ihrer eigenen Überraschung fühlte sie sich plötzlich besser. Sie setzte sich ins warme Laub und schaute nachdenklich den Tieren zu. Sie waren offenbar verwirrt von dem Licht, das ihren schwachen Sehsinn überforderte. Clara konnte die Angst der Fledermäuse geradezu körperlich spüren, als krampfiges Drängen in ihrem Magen und Zappeligkeit in Armen und Beinen. „Warum kann ich das fühlen?", überlegte sie. „Es sind fremde Wesen. Ist in der Höhle irgenwas mit mir passiert oder liegt es daran, dass sie Tiere sind und keine Menschen?" Sie schloss die Augen. Behutsam folgte sie ihren Empfindungen, wie man mit einem Finger den Wegen auf einer unbekannten Landkarte folgt. Langsam wurde ihr deutlich, dass sie die Fledermaus-Angst aus eigener Erfahrung kannte. Es war dasselbe Gefühl, das in ihr aufstieg, wenn in Gesellschaft zu viele Reize auf sie einprasselten. Ihre zwischenmenschliche Orientierung war wohl ebenso schwach ausgeprägt wie das Sehvermögen der Fledermäuse. So spürte sie zwar fremde Gefühle und Erwartungen, konnte aber nicht richtig reagieren. Das machte ihr Angst und ließ sie ebenso flatterig werden wie die Tiere.

Sie öffnete die Augen wieder, um einen neuen Blick auf den Schwarm zu werfen. Doch die meisten Fledermäuse waren auf einmal verschwunden, offenbar in die Höhle zurückgekehrt. Die übrigen hatten sich auf den Ästen direkt am Eingang versammelt und folgten nach und nach ins Dunkel. Sie wirkten nun überhaupt nicht mehr aufgeregt, sondern ruhig und zielsicher. Plötzlich glaubte Clara fast, das hohe Pfeifen zu hören, mit dem sie sich orientierten. Erklärungen aus dem Biobuch fielen ihr ein. Aber sie schienen sich jetzt nicht nur auf die Tiere zu beziehen, sondern in einer seltsamen und umfassenden Weise auch auf sie selbst. Gab es verschiedene Formen von Wahrnehmung, die einander ersetzen konnten? „Ein Sinn weniger, aber auch einer mehr", murmelte sie und atmete tief durch, um ihr Herzklopfen zu beruhigen. Dann stand sie langsam auf und machte sich auf den Heimweg.

Als sie nach Hause kam, staubverkrustet und zerzaust, schlossen Lars und Julia gerade ihre Räder vor der Haustür ab. „Wo warst du denn?" Julia musterte mit aufgerissenen Augen die erdige Hacke. Claras Abwehrsystem schaltete auf höchste Alarmstufe. „Mist, ich hab unsere Verabredung schon wieder vergessen. Tut mir total leid. Ich war im Wald. Aber ich glaub, ich muss jetzt erst mal duschen. Sorry, dass ihr umsonst gekommen seid."

Lars runzelte die Stirn, streckte zögernd die Hand aus und kam einen Schritt auf sie zu. Seine braunen Augen hinter den runden Brillengläsern nahmen einen weichen, forschenden Ausdruck an. Aber dieser Blick hatte für Clara diesmal erstaunlicherweise nichts Bedrohliches und die ausgestreckte Hand war keine Zumutung. Lars sah einfach verwirrt und tapsig aus – ein besorgter Waschbär. Clara musste lächeln. Da bildete sich in ihrem Inneren, irgendwo hinter den Rippen, ein warmes Gefühl, wie ein leuchtender, flauschiger Ball. Sie wusste auch, was das war: Fürsorglichkeit, die von Lars kam. Er wollte wissen, was mit ihr los war. Es kümmerte ihn. Es war ihm nicht egal. Wurzelraumansprache.

Julia legte den Kopf schief und grinste. „Ich glaub, du hast was Tolles entdeckt im Wald, stimmts?" Clara stutzte. Vor ihrem inneren Auge sah sie ein kleines, freches Mädchen, das irgendwie juliamäßig aussah, auf einen viel zu hohen Baum klettern, jauchzend vor Vergnügen.

Schlagartig wurde ihr klar, dass sie begriffen hatte, was die beiden fühlten, was sie in ihr sahen, was sie sich wünschten. Sie hatte es verstanden, ohne es durch angestrengtes Überlegen entziffern zu müssen. Kein Zweifel: Lars und Julia wollten einfach an ihrem Leben teilhaben. Keine Erwartungen oder Zwänge. Nur Zusammensein. Weil sie sie mochten, so wie sie war. Clara starrte ihre

Freunde an. Also war die mühsame Kontrolle gar nicht immer nötig? Und die Angst vor der Fremdheit und den Schatten übertrieben? Weil es nämlich auch noch einen anderen Weg des Verstehens gab, einen instinktiven?

„Was ist denn los?" Lars war offensichtlich immer noch verwirrt.

„Denkt ihr, bei Menschen gibt es auch so was wie Echolot?", fragte Clara. „Ihr wisst schon: Fledermäuse können schlecht sehen, aber dafür haben sie diesen Piepston." „Klar kennen wir das. Biosonar. Wir sind doch nicht doof", antwortete Julia. „Aber wieso beim Menschen? Meinst du für Blinde?"

„Nee, natürlich nicht. Mehr so was wie Fledermaus-Gespür für andere Leute." Clara seufzte. Den beiden das richtig zu erklären, war wohl im Moment noch zu schwierig. Sie verstand es ja selbst nur halb. Wo ein Sinn fehlte, entwickelte die Natur anscheinend manchmal auf erstaunlichen Wegen einen neuen. Sie würde lernen müssen, aus diesem Geschenk das Beste zu machen.

Schließlich zuckte sie die Achseln und sagte einfach: „Kommt mit. Ich möchte euch was zeigen."

Bild: Im Tunnel   *Dieter Utermöhlen*

168

Gernot Sander

Mein Asperger

Ich habe das Asperger-Syndrom, weiß aber erst seit wenigen Jahren, dass es das gibt und erst seit kurzem, dass ich davon betroffen bin. Im Folgenden fasse ich zusammen, was für mich gilt. Vieles davon, wenn auch vielleicht nicht alles, ist Asperger-typisch

Das wichtigste Merkmal ist, dass ich nicht lügen oder mich verstellen kann. Die Lüge hat für mich eine kosmische Dimension. Jede Lüge bringt meinen Kosmos in ein Ungleichgewicht und lässt mich innerlich taumeln. Weshalb ich auch Filme oder Geschichten, die von Lüge und Täuschung handeln, nur schwer aushalten kann. Und was andere spannend finden, ist für mich oft unerträglich. Da ist Vermeidung meine einzige Gegenwehr. Deswegen ist es mir auch unmöglich, Geschichten zu erfinden. Ich kann nur wiedergeben, was ich selbst erlebt habe oder empfinde.

Wenn in diesem Text das Wort „ich" und seine Ableitungen sehr häufig vorkommen, dann ist auch das ein typisches Merkmal und ich bitte dafür um Nachsicht. Tatsächlich hat mein Grübeln über die eigene Befindlichkeit und die eigene Rolle in der Welt einen guten Grund: Wie oft bin ich schon angeeckt, meist ohne zu begreifen warum, und schweige deswegen häufig statt mich zu äußern. Allzu oft rede ich ins Leere, niemand hört mir zu; aber ich habe auch schon liebe Mitmenschen beleidigt, ohne zu merken, dass sie meine Aussage auf sich bezogen, ja im Nachhinein verstanden, auf sich beziehen mussten.

Andererseits habe ich ein starkes, oft bis zur Selbstvergessenheit gehendes Mitgefühl mit lebenden oder erfundenen Menschen. Beim Lesen eines gut geschriebenen Texts bin ich wie ein Kind, ich tauche auch heute noch vollkommen in eine Geschichte ein und identifiziere mich mit den Figuren. Ich liebe Märchen und Fantasy, wenn sie in sich schlüssig sind.

Mit Angst im Herzen habe ich es mir auch angetan, eine zwei-einhalbstündige Dokumentation mit Originalfotos aus Auschwitz bis zum Ende anzusehen, wohl wissend, dass sie mich bis an mein Lebensende verfolgen wird. Da wollte ich es einfach wissen und nicht die Augen verschließen.

Harmloser, aber vielleicht ebenso bezeichnend ist, dass ich es nie über mich gebracht habe, den „Michael Kohlhaas" zu lesen: Ich liebe die Kleist'schen Novellen, für mich die besten dieses Genres, aber das dort beschriebene Unrecht hätte ich nicht ausgehalten.

Ich bin mir selbst das größte Rätsel, wenn es um meine schuli-sche Vergangenheit geht. Ich war ein guter Schüler und begreife bis heute nicht, warum. Bitte glaubt mir. Natürlich hatte ich für manche Dinge ein gutes Gedächtnis, aber warum ich bis zum Abi-tur die Eins in Latein behalten habe, hat mich immer aufs Neue gewundert. Wenn eine schriftliche Arbeit vor der Rückgabe be-sprochen wurde, habe ich meinen Lösungsansatz nie wiederge-funden, ich hatte offenbar einen völlig anderen Weg beschritten als den gelernten und war jedes Mal überrascht, wenn am Ende doch die Eins herauskam.

Dazu passt auch meine Körperwahrnehmung: Ich betrachte meinen Körper wie etwas außerhalb meiner selbst, ein Ding, mit dem ich beliebig experimentieren kann, auch bis zur völligen Er-schöpfung. Und ich staune manchmal darüber, was ich mir zumu-ten kann, gehe aber oft auch zu weit und merke es zu spät. Ich sehe mir selbst gewissermaßen zu und bin oft genug über meine Be-obachtungen amüsiert. Für Außenstehende scheint diese Art Selbstbeobachtung fremdartig zu sein, wie ich manchmal an den Reaktionen meines Umfeldes merke und was zu verstehen ich meinerseits Mühe habe.

Körperliche Nähe zu anderen Menschen macht mich unruhig, ich ertrage sie nur widerwillig oder in Ausnahmefällen, und

Körperkontakt mit anderen mag ich normalerweise überhaupt nicht. Im Bus dicht gedrängt zu stehen, ist ein Albtraum.

Mein Gefühl, unverwechselbar ich zu sein, ist so stark, dass mir immer dann physisch schlecht wird, wenn meine Individualität in der Masse unterzugehen droht. Rhythmisches Klatschen verursacht bei mir Übelkeit.

Ich bin auch nicht hypnotisierbar oder kann mich nicht (wie offenbar manche Mitmenschen) mittels Meditation aus meinem Hier und Jetzt wegdenken.

Wichtige Nebensache, die im Grunde zur Wahrheitsbindung gehört: Ich verabscheue Unpünktlichkeit, auch wenn ich sie täglich ertragen muss. Und ein Versprechen ist für mich immer bindend, selbst wenn der Anlass nicht mehr gilt. Verrückt und mit meinem sonst funktionierenden Denkvermögen nicht vereinbar.

Ein anderer Punkt, und zwar ein aus meiner Sicht erfreulicher, ist meine Liebe zu altertümlicher Sprache und Befindlichkeit, gepaart mit einem sehr starken Interesse an alter Geschichte. Die Anfänge des menschlichen Denkens und der Zivilisation haben mich von jeher fasziniert und tun es noch, eines meiner Lieblingsthemen sind die Hethiter, aber auch ältere altorientalische Kulturen.

Die Liebe zu nicht alltäglichen Themen ist nun wieder sehr typisch für Asperger-Betroffene, und da fühle ich mich in bester Gesellschaft. Bei mir gehören noch dazu die Astronomie, natürlich die Biologie (bin ja professioneller Biologe), die Chemie, die Geologie, die Philosophie, die Theologie... eigentlich alle Wissensgebiete.

Ich fand Wagners Aussage in Goethes Faust („Zwar weiß ich viel, doch möcht ich alles wissen") schon immer inspirierend und begriff nicht, warum diese Aussage in der Schule lächerlich gemacht wurde.

Die einzigen wirklichen Peinlichkeiten, die ich kenne, sind Unwissen und daraus folgende falsche Behauptungen.

Aber warum bin ich in der Schreibwerkstatt?

Liebe Leute, die Schreibwerkstatt ist eine Art neue Heimat für mich, ich liebe die Vielfalt, die Möglichkeit, mich in andere Welten versetzen zu lassen, das was mir selber nicht liegt, nämlich frei zu phantasieren, im Nachhall zu erleben und dabei zu sein, wenn sich in der Diskussion weitere Gedanken daran knüpfen: so etwas wie mein privates Paradies, äußerst belebend. Die Buntheit des Geschriebenen geht über alles hinaus, was ich mir vorstellen konnte, als ich beschloss teilzunehmen, ursprünglich nur um Ruth gegenüber der UDL zu unterstützen, aber bald gefangen genommen von dem, was geboten wird. Lang lebe die Schreibwerkstatt, möglichst frei und ohne zeitliche Begrenzung!

Dass ich nur an der ersten Runde teilnehme, liegt an eben meiner Unfähigkeit, Geschichten zu erfinden. Mir fehlt schlicht die Phantasie. Außerdem haben meine Rückenschmerzen bis zum Ende der ersten Runde meist eine Intensität erreicht, die ich nicht steigern möchte. Aber vielleicht riskiere ich es doch einmal, um auch unmittelbare Kreativität wenigstens passiv zu erleben.

Wer mehr über das Asperger-Syndrom wissen will, dem empfehle ich die YouTube-Seite „Roter Zwerg" (klein aber oho), auf der sich ein Betroffener ausführlich über seine Befindlichkeit äußert. Ich habe mich bei fast allen Punkten wiedererkannt.

Bild: Frühling   *Dieter Utermöhlen*

Ruth Finckh
Winter, hör!

Winter, hör!
Ich klag dich an, Winter,
wegen Raubs; wegen Laub-Raubs,
Blumen-Raubs,
Mund-Raubs,
schamlosen Mond-Raubs.
Schrill schreckst du uns,
machst uns zu Schatten, hältst uns in Häusern
mit Eisregen, kreisenden Krähen
und schwarzer Nacktheit der frierenden Bäume, mit
kaltglänzenden Straßen
im Licht der Laternen statt
leuchtenden, warmen
Nachmittagen im Gras auf der Wiese.
Du stiehlst meinen Atem mit beißenden Winden,
lässt Düfte verschwinden,
lässt Leere zurück.

Hör, Winter!
Ich will meinen Traum mit dir teilen
von steilen
Gärten auf Felsen am südlichen Meer.
Tanzende Blüten auf silbrigen Stielen
mit vielen
winzigen Blättchen.
Ein Atem von Minze.
Im Rauschen der Brandung verschwimmende Tage.
Es ist lange,
ach Winter, du weißt es,
es ist so unsäglich lange
her.

Komm, Winter,
komm, lass uns teilen.
Ich schenk dir den Traum,
ich vergesse die Klage
und du schenkst mir Tage
voll weißem, tanzendem, schwebendem
Flaum.

Claudia Liersch

Panik

Leo schließt die Augen. Es ist laut im Bus. Die Geräusche und die vielen Schülerinnen und Schüler, die auch noch im Gang zwischen den Sitzen stehen, senden Schwingungen, die ihn erdrücken. Ein Mädchen kichert. Die Jungs vor ihm balgen. Er hält es nicht mehr aus. Schweißtropfen kriechen aus seinem Nacken, seiner Stirn und bilden Perlen. Es ist so eng. Er braucht frische Luft. Lachen die Mädchen wegen ihm? Leonardo Brad George Müller hat ihn seine Mutter nach ihren Lieblingsschauspielern getauft. Gut findet er das nicht. Selbst die Lehrer können sich das Grinsen nicht verkneifen, wenn sie seinen Namen auf der Liste sehen. Außerdem kommen immer Bemerkungen, dass sein Aussehen nicht zu den Namen passen würde. Bestimmt machen sie sich über ihn lustig.

Augen zu, an etwas anderes, etwas Schönes denken, alles ausblenden, hat seine Psychotherapeutin gesagt, damit der Schalter in seinem Kopf nicht kippt. Sein Gehirn funktioniert wie ein alter Drehschalter, den man zuerst mit viel Kraft bis zur Mitte spannen muss. Dann reicht ein kleiner Impuls, um ihn fast von alleine auf die andere Seite kippen zu lassen. Leo spürt den Tremor in seinen Händen. Sein Herz rast. Luft, er braucht Luft. Er hat gelernt einzuatmen, ganz langsam und tief in den Bauch. Luft kurz anhalten. Und beim Ausatmen wie in Zeitlupe zu zählen. Einundzwanzig, zweiundzwanzig! Das hilft zur Entspannung.

„Hey, DiCaprio, pennst du noch!"

Leos Schalter ist schon kurz vor dem Kippen, der Explosion nahe. Nein. Er will es schaffen. Er wendet den Kopf ab, sein Blick richtet sich durch das Fenster, dreiundzwanzig. Die Bushaltestelle vor seiner Berufsschule taucht in seinen Blickwinkeln auf. Gleich kann er raus. Vierundzwanzig. Nur noch eine Sekunde, dann wird die Tür aufgehen. Er steht auf, nimmt seinen Rucksack.

Leo öffnete die Augen. Er fuhr durch einen langen, kahlen Tunnelflur. Er lag auf dem Rücken und beobachtete das Band der funkelnden Deckenleuchten. Es piepte. Blaue Männchen sprangen um sein Fahrzeug herum. Exitus, Schock.

Eine Person im blauen Kittel und blauer Hose sprach ihn an. „Hallo Herr Müller, hören sie mich? Sie haben lange geschlafen! Sie sind hier im Uniklinikum auf der Intensivstation", begrüßte sie ihn.

„Wie komme ich hierher, was ist passiert?"

„Das weiß ich nicht. Sie kamen vor fünf Tagen zu uns und lagen bis jetzt im Koma. Ich bin Schwester Ludmilla. Ich bin froh, dass Sie wieder wach sind! Alles Weitere wird ihnen der Arzt sagen, der weiß sicherlich mehr."

Ludmilla, in blauer Intensivstationskleidung, verließ das Zimmer.

Leo versuchte damals verzweifelt, sich daran zu erinnern, wie er ins Krankenhaus gekommen war. Wer hatte ihn hergebracht?

Er war doch im Club auf der Party von Janina gewesen. Er, Martin, Akin und Raul. Sie wollten tanzen, trinken und er sollte Janina abchecken. Martin hatte etwas besorgt gehabt, weißes Pulver, zum Sniffen, Kokain für Arme hatte er immer gesagt. Aber das Zeug hatte richtig reingehauen. Leo war supergut drauf gewesen, wie immer, wenn er das genommen hatte. Das Zeug hatte ihm auch geholfen abzunehmen und seine Haut hatte weniger Pickel. Er hatte einen Ausbildungsplatz gefunden. Darauf war er stolz gewesen. Es hatte ihm dort sehr gefallen. Sein Meister hatte ihn oft gelobt. Nur dieser blöde Name. Jeder machte sich immer über ihn lustig und seine Mutter findet ihn so cool. Er könnte kotzen. Auch Janina hatte gegrinst, als er sich vorgestellt hatte. Dennoch, an diesem Abend war das Wunder passiert. Janina hatte ihn, Leonardo, Brad, George Müller eingeladen. Er wollte mit ihr tanzen, er wollte die ganze Nacht mit ihr durchmachen! Er wollte alles für sie tun!

Die Tür ging wieder auf, das Ärzteteam, Schwestern und blaugekleidete Pfleger kamen zur Visite rein, etwas piepte. Er bekam Angst. Die Blauen, sie kamen sicherlich, um ihn zu holen und ihn umzubringen. Er riss die Infusionen aus seinem Arm, versteckte sich unter dem Bett, verbarrikadierte sich, indem er das Ablagetischchen, das neben dem Bett stand, vor sich zog und gegen die Pfleger donnerte. Sein Herz raste, er hatte Schwierigkeiten, Luft zu bekommen, drohte zu ersticken und schrie: „Hilfe, zu Hilfe, die Blauen wollen mich umbringen, so helft mir doch!". Seine Hände zitterten, Schweiß stand ihm auf der Stirn. Panische Angst kroch durch ihn. Sie erfasste jede Faser seines Körpers. Ließ sein Herz rasen. Er war sich sicher, diese Situation nicht zu überleben.

Dr. Burton half ihm. Sie kroch zu ihm unter das Bett, streichelte ihn, atmete mit ihm und erzählte von einer schönen Blumenwiese in den Bergen. Sie schickte auch alle Blauen weg. Brachte ihn in Sicherheit und legte ihn wieder ins Bett. Er war lange bei ihr im Krankenhaus, beinahe sechs Monate. Irgendwann rekonstruierte sie mit ihm den gesamten Abend. Er hatte wohl eine Überdosis erwischt und wäre beinahe gestorben. Sie hatten ihn reanimiert. An dem Abend beim Tanzen auf der überfüllten Tanzfläche, im grellen Scheinwerferlicht der blauen Stroboskoplampen im Club hatte er seine erste Panikattacke bekommen. Der Schalter in seinem Kopf hatte sich vollkommen umgelegt. Er hatte ziemlich viel demoliert, hatte aggressiv um sich geschlagen, dabei andere Club-Besucher verletzt. Er hatte geschrien, dass sie ihn umbringen wollten und hatte mit seinen teuflischen Kräften die Polizei attackiert. Daraufhin hatten sie ihn ins Krankenhaus gebracht.

Die Tür des Busses öffnet sich mit dem typischen Geräusch, das beim Luftaustritt der Pneumatik entsteht. Leo rennt raus. Er zittert. Er weiß von Frau Burton, dass er jetzt nicht mit seinen Schulkameraden in die Raucherecke und die ritualisierte Zigarette vor Schulbeginn rauchen darf. Er beherrscht sich. Er will zu seiner Klassenlehrerin. Der Tremor in seinen Händen wird stärker. Er hält sich an den Trägern seines Schulrucksacks fest, denkt an Martin, der den Abend nicht überlebt hatte und vom Dach des Clubs gesprungen war. Er will für ihn weiterleben. Er will an sich arbeiten. Er will die Ausbildung fertigmachen. Er will ehrlich sein, seiner neuen Klassenlehrerin die Situation schildern. Er hält sie für vertrauenswürdig. Sie wird ihn nicht bloßstellen. Sein Bauchgefühl sagt ihm das. Er nimmt sie als freundlich, verständnisvoll und unterstützend wahr. Er wird sie um eine Freistellung für heute bitten. Sein Herz rast. Das flaue Gefühl im Bauch lässt ihn würgen. Er bereut seine Dummheit von damals zutiefst. Er arbeitet an sich. Aber der Schalter in seinem Kopf spannte sich immer wieder und manchmal kippte er auch. Nicht mehr so oft, er weiß, dass Stress, viele Menschen in einem engen Raum, besonders, wenn sie schwitzen und er den Schweiß riechen kann, den Drehhebel bedienen. Er weiß, dass blaugekleidete Menschen ihn nicht umbringen wollen. Medikamente, die Sitzungen bei Frau Dr. Burton, sein Wille und Wissen helfen ihm, den Kippimpuls zu blockieren. Die bösen Geister zu verbannen.

„Meine Diagnose ist Panikattacke, eine Art Sozialphobie, aufgrund von einer Überdosis Amphetaminen", erklärt er seiner Klassenlehrerin zitternd und schweißgebadet. Dabei ist sein Blick wirr und flatternd. „Deshalb bitte ich Sie um eine Freistellung für heute, nicht, weil ich mich um die Klassenarbeit drücken will. Ich habe mich vorbereitet, ich schreibe nach. Daran liegt es nicht. Ich möchte, dass Sie mir das glauben. Bitte."

Sie signalisiert: „Zusammen finden wir einen Weg!"

Gaba Weis
Eine Frage des Geschmacks!

Umami –

ich mag den Geschmack von Maggi nicht. Liegt vielleicht daran, dass ich als Kind einen Kaufmannladen hatte und in den dazugehörenden Mini-Verpackungen manchmal echte Lebensmittel waren: Eine Nudel, ein paar Haferflocken, drei Smarties, etwas Salz oder Zucker. Und in der winzigen Glasflasche waren einige Milliliter Maggi-Würze. Damals mochte ich diesen Geschmack!

Aber bevor ich endlich auf den Tomaten-Ketchup mit dem deutschen Vornamen wechseln konnte, gab es immer diese typische braune eckige Flasche mit dem gelbroten Etikett überall, auf dem Tisch und zu jedem Essen. Alles schmeckte nach Maggi!

Aber ehrlicherweise hatte ich als Kind eh keinen Geschmack. Besser gesagt, mein Geschmackssinn war den größten Teil des Jahres defekt, sodass ich Zwiebeln wie Äpfel verspeiste oder ultrastarke Fishermans Friends, damit ich überhaupt etwas wahrnahm.

Nun ja, Düfte waren genauso marginal, jedenfalls während der ständigen Erkältungen. Wenn die Nase ständig läuft, kommt halt auch nix rein! Und Maggi war „das Gewürz" Ende der 1960er und 1970er Jahre. So auch für mich!

Bis ich einmal dachte, wenn ich die 6 Milliliter in der Kaufmanns-Flasche auf Ex austrinken konnte, dann auch die auf dem Tisch. Aber 125 Milliliter ist was anderes! Ich schaffte es, aber seitdem mag ich kein Maggi und kein Umami.

Und als ich im Studium von einer Schweizer Botanikerin lernte, wie Maggiwürze hergestellt werde und das es eigentlich „Madschi" ausgesprochen werden müsse, weil die Erfinder so hießen, hat mich dies auch nicht mehr mit dem Geschmack verbunden! Zumal ich schon meine Ketchup-Phase – also auf alles Essbare mindestens eine halbe Flasche Tomatensoße kippen – hinter mir gelassen hatte und dann schon auf der Extrem-Gewürz-Schiene unterwegs war, nur Salz ist – wohl Maggi-bedingt – nie mein Ding gewesen.

Chili bestimmte lange mein Leben, je schärfer, desto besser. Denn Senf und Meerrettich hatte ich mir nach Extremphasen des Gläserleerens bereits abgewöhnt. Keine Wetten mehr, was Maximum auf Ex geht! Heute kann ich meist etwas schmecken und riechen, aber ich kann nicht wirklich sagen, ob ich meine Sinne in der Coronazeit phasenweise verloren habe. Jedenfalls ist es tröstlich, jetzt mit anderen Menschen über Geschmacklosigkeit reden zu können!

Gernot Sander

Innerer Sinn

Es gibt über die meist genannten physischen Sinne hinaus etwas, das ich hier als „inneren Sinn" bezeichne. Von diesem glaube ich, dass er häufig bei Asperger-Betroffenen wie mir vorkommt, aber auch manchen anderen Menschen ansatzweise vertraut ist.

In seltenen unvorhersehbaren Augenblicken öffnet sich mein Asperger-typischer Seelenpanzer einen Spalt weit und lässt wie in einem gleißenden Lichtschein eine plötzliche Erkenntnis aufleuchten, die zutiefst erschüttert und sich immer auch im Nachhinein als wahrhaftig darstellt: ich sehe dann etwas, was tatsächlich ist, aber den gewöhnlichen Sinnen verborgen bleibt. Die Erinnerung daran ist eine Bereicherung, und diese wundersame und wunderbare Erinnerung bleibt ein Leben lang.

Und genau weil dieser Seelenstrang, diese eine Saite, wenn angeregt, so gewaltigen Schwingungen ausgesetzt ist, brauche ich im Alltag meinen Schutzpanzer, der von anderen als Empathielosigkeit, als Gefühlskälte fehlinterpretiert werden kann. In Wahrheit ist das Gegenteil richtig: eine Überempfindlichkeit, die häufige Anregung nicht aushält.

Im Jahr 1978 hatte ich ein solches Erlebnis.

Nach einem Vortrag im Institut einer mir aus der Literatur bekannten Wissenschaftlerin in New York lud mich diese zu einem Privatbesuch in ihrem Haus ein. Dieses Haus lag mitten im Wald, von alten Fichten umgeben, ich erinnere mich noch an den typischen Fichtennadelgeruch. Das Haus war riesig, vom weiträumigen kaminbestückten Wohnzimmer gab einen traumhaft schönen Blick in die Waldlandschaft.

Der Abend, den ich dort mit Jean und ihrem Mann verbrachte, gehört zu den denkwürdigsten meines Lebens, denn ich erfuhr

Dinge, die in der Öffentlichkeit nie zur Sprache gekommen wären. Jean offenbarte mir, dass es ihr lieber gewesen wäre, wenn ihre wissenschaftliche Karriere Nebensache geblieben wäre, denn vor allem hätte sie sich gewünscht, Kinder zu haben. Nur weil das nicht klappte, habe sie sich entschlossen, ihre wissenschaftliche Karriere fortzusetzen. Andernfalls hätte sie den Beruf nur in zweiter Linie betrieben.

In dem Moment, als Jean mir sagte, sie hätten das große Haus nur erbaut, um den erhofften Kindern das bestmögliche Umfeld zu bieten, wurde ich urplötzlich von einer Welle der Sympathie überrollt, die sich anfühlte, als käme sie von außen: ich sah Jean plötzlich als das verletzliche Kind, das ja in uns allen steckt, und hatte das Bedürfnis, sie zu trösten.

Ich hatte Einblick in das Innerste einer anderen Seele gewonnen, mit der ich gleichsam verschmolz und die mir von diesem Moment an nicht mehr als eine andere, sondern wie meine eigene vorkam.

Diese Erinnerung gehört mit wenigen anderen ähnlichen zu meinen stärksten und schönsten Erlebnissen.

Auch Bilder können bei mir in seltenen Fällen ähnlich starke Erschütterungen hervorrufen. Was in diesen Fällen der Auslöser ist, weiß ich nicht, sicher nicht allein der visuelle Eindruck. Vielleicht sehe ich in solchen Augenblicken mit den Augen des Künstlers.

Gernot Sander

Zwei Bilder

Im Frühling 1976 war ich auf einer kleinen Biochemie-Tagung in Venedig. Ich wohnte in einem netten kleinen Hotel nur wenige Schritte und einen Torbogen entfernt vom Canale di San Marco, gegenüber der Insel San Giorgio Maggiore, wo auch die Tagung stattfand.

Schon am ersten Morgen blähten sich die Vorhänge meines sonnenbeschienenen Hotelzimmers im lauen Wind, und wenn ich auf den winzigen Balkon trat, hatte ich das ganze Panorama vor mir. Ein traumhaft schöner Anblick. Vielleicht hat meine heitere Grundstimmung an diesem Tag das folgende Erlebnis erst ermöglicht.

Foto: Venedig 1976   *Gernot Sander*

Ich hatte noch Zeit, schlenderte den Weg zum Torbogen entlang und stieß linker Hand auf eine Gasse mit einer verborgenen kleinen Kirche. Neugierig geworden, ging ich hinein und sah undeutlich ein Triptychon. Daneben stand eine kleine Säule mit

184

einem Einwurfschlitz für 50-Lire-Münzen. Ich hatte eine zur Hand, warf sie hinein, die Beleuchtung ging an und ich war überwältigt.

In der Mitte eine Madonna mit Kind, links und rechts Heiligenfiguren. Aber nur eine davon, die linke, sprach mich an, eine Figur mit einer Ähre in der Hand, die eine unbeschreibliche Ruhe ausstrahlte und von deren Anblick ich mich nicht lösen konnte, solange die Beleuchtung anhielt.

Während der drei Tage, die die Tagung dauerte, ging ich jeden Morgen als erstes zu diesem Bild. Der Anblick berührte eine Saite tief in meiner Seele, von deren Existenz ich bis dahin nichts wusste und deren Schwingungen seither nie mehr ganz abgeklungen sind.

Erst als ich nach drei Tagen von dem Bild Abschied nehmen musste, kaufte ich den in der Kirche bereitliegenden Bildband zum Maler des Bildes, Giovanni Bellini, um eine greifbare Erinnerung zu behalten.

Sixtinische Madonna

Foto: Dresden, Zwinger 1978   *Gernot Sander*

185

Der Europäische Biochemie-Kongress fand 1978 in Dresden statt. Da ich kein leicht erreichbares Kunstmuseum versäume, besuchte ich bei dieser Gelegenheit natürlich auch die Dresdner Kunstgalerie im Zwinger, ohne besondere Erwartungen daran zu knüpfen.

Als ich die langgezogene Hauptgalerie betrat, fiel mein Blick sofort auf die Sixtinische Madonna ganz am Ende der Galerie. Das Bild zog mich magisch an, ein mächtiger, unwiderstehlicher Sog ging von ihm aus. Ich weiß noch, dass ich meine Schritte bewusst verlangsamte: Ich spürte, dass mir etwas Großes bevorstand und wollte dieses Erlebnis intensiv wahrnehmen. Lange habe ich dann vor dem Bild gestanden, ohne meinen Blick von ihm lösen zu können.

Was es war, das mich gerade an diesem Bild anzog, werde ich nie beantworten können, weiß aber, dass es mich ebenso stark in seinen Bann zog wie zwei Jahre vorher das Triptychon in Venedig und dass auch diese Erinnerung immer noch in mir nachhallt.

Zweimal habe ich den Atem des Universums verspürt: Und es reicht.

Ruth Finckh

In der Astgabel

Kein Kleinkind mehr!
Und noch keine Frau.
Allein hier am Teich
auf dem knorrigen Baum.
Die raue Rinde
am nackten Bein.
Den Wind im Haar,
unterm Arm das Buch
mit speckigem
Stadtbücherei-Geruch.

Mein Buch, meine Astgabel,
mein Zuhaus.
Üppiges, nahrhaftes
Lesefutter.
Ich sorg für mich selber
wie eine Mutter.
Vorrat für viele
süße Stunden.

Ich hab meinen
Heimbuchbaum
gefunden.

Manfred Kirchner
Kleine Helden

„Du Oma, wo ist denn der Hansi? Er hat heute Morgen gar nicht gesungen. Hat den die alte Marie mit nach Hamburg genommen?"

„Nein, Ludwig. Die hat sich doch nur einen Spaß daraus ge-macht. Die wollte doch nur, dass du auf den Hansi gut aufpasst. Die alte Marie ist schon gestern los-marschiert mit ihrem Reff und den Kanarien. Eine Lieferung nach New York, hat sie gesagt. Muss die Vögel bis aufs Schiff brin-gen."

„Und wo ist nun der Hansi? Sein Bauer ist ja auch nicht mehr da?"

Quelle: https://de.wikipedia.org/wiki/Harzer_Roller

„Ach, Ludwig. Du musst jetzt tapfer sein. Dein Hansi hat was ganz Großes gemacht. Er hat deinem Vater und drei weiteren Männern das Leben gerettet."

„Wie kann der denn Leben retten? Er ist doch so klein."

„Nun Ludwig. Dazu muss ich dir eine Geschichte erzählen. Vor vielen Jahren kamen hier nach St. Andreasberg Bergleute aus dem Erzgebirge, um in den Stollen und Gruben im Harz Erze zu fördern. Man hatte Silber gefunden und viele hofften hier auf ein besseres Leben, immer genug zu essen und anzuziehen und auf eine sorg-lose Zeit für euch Kinder. Die Fürsten hatten den Bergknappen mehr Freiheiten versprochen. So durften die Bergleute Kühe und Ziegen halten und selbst Bier brauen. Und sie durften Münzen prä-gen, mit denen sie Mehl und Kleidung kaufen konnten..."

„Und was hat das jetzt mit Hansi zu tun?"

„Geduld, Ludwig. Gleich... Einige der Bergleute hatten

Kanariengirlitze mit in den Harz gebracht. Im Erzgebirge hatten sie sich schon ein paar Groschen verdient, indem sie die Vögel verkauften. Die Bergarbeiter hatten meist viele Kinder und waren daher froh, wenn sie von dem Geld für die Vögel Essen für die Familie kaufen konnten. Hinzu kam, dass die Bergleute durch die harte Arbeit in den Gruben – teilweise eine ganze Woche unter Tage – oft nicht alt wurden. Und so konnten schon die Kinder mithelfen und ein paar Groschen verdienen. Und manchmal, wenn der Vater schon gestorben war, musste die Familie allein von den wenigen Groschen leben, die sie für den Verkauf der Vögel bekam. Die Bergleute und ihre Kinder hatten diesen Vögeln beigebracht, bestimmte Melodien zu singen. Das fanden die Menschen in den Städten sehr schön und kauften diese Vögel den Bergleuten gern ab. Je schöner die Vögel sangen, um so mehr Geld gab es dafür. Auch die Bergleute hier züchteten die Kanarien.

„War das auch dein Opa Wilhelm?"

„Ja. Er ist aber auch nicht alt geworden. So habe ich auch schon früh gelernt, die Vögel zu züchten und ihnen den Gesang beizubringen, das Rollen, Knorren und Pfeifen."

„So wie ich bei Hansi?"

„Ja, Ludwig. Nur damals sahen die Girlitze eher wie Spatzen aus. Es hat schon viele Jahre gedauert, bis wir aus den Sängern die richtigen schönen gelben Kanarienvögel gezüchtet haben und sie heute bis nach New York verkaufen. Aber das hat mit Hansi nur am Rande zu tun. Die Bergleute hatten festgestellt, dass die Girlitze besonders empfindlich auf matte Wetter reagierten."

„Matte Wetter? Oma, was ist das? Ihr erzählt immer wieder davon."

„Nun Ludwig, wir können auch schlechte Luft dazu sagen. Damit Menschen und Tiere leben können, brauchen sie gute Luft. Die haben wir hier oben auf den Bergen. Aber in den Gruben wie im Andreaskreuz, tief unten in der Erde, gab es oft nur wenig gute Luft. Die Lichter der Knappen gehen aus, wenn die Luft ganz schlecht wird. Man sagt zu dieser schlechten Luft matte Wetter. Es ist meist schon zu spät für die Bergleute, wenn die Flamme ihres Frosches ausgeht. Es sind so schon viele Arbeiter im Berg gestorben, weil sie die matten Wetter nicht gemerkt haben."

„Warum kann man matte Wetter nicht merken?"

„Doch Ludwig, man kann sie merken. Du wirst plötzlich ganz müde, schwindelig, fällst zu Boden und brauchst dann ganz schnell jemanden, der hilft und dich an die gute Luft bringt. Matte Wetter sind ganz gemein. Man kann sie nicht riechen, nicht fühlen, nicht sehen und nicht schmecken."

„Und dein Opa? Ist er auch an matten Wettern gestorben?"„Nein. Aber es wäre ihm beinahe passiert. In der Grube Andreaskreuz haben sie vor vielen Jahren zwei Stollen miteinander verbunden. Damals haben es drei Bergleute nicht mehr geschafft, vor den matten Wettern, die sich am Ende des anderen Stollens gesammelt hatten, zu fliehen. Als sie am Abend nicht wieder aus den Gruben ausgefahren sind, hat sie mein Opa zusammen mit weiteren

Im Haufe eines Andreasberger Vogelzüchters.
Nach dem Leben für das Daheim gezeichnet von W. Simmler.

Quelle: https://de.wikipedia.org/wiki/Harzer_Roller

Knappen gesucht. Damals wussten die Bergleute schon, dass die Kanarienvögel sehr empfindlich auf matte Wetter reagierten und haben drei Vögel mitgenommen. Sie haben dann wohl die drei Männer am Boden liegend gesehen und wollten ihnen helfen. Doch da sind die Kanarien einfach tot von der Stange gefallen, und meinem Opa und den Bergleuten war klar, dass ihre Kumpel tot waren und sie nicht zu ihnen hingehen durften. Der Suchtrupp ist dann schnell geflüchtet."

„Liegen die toten Bergleute noch immer in der Grube?"

„Nein, Ludwig. Mein Opa und die anderen Knappen haben dann Wetterschächte gebaut, mit denen frische Luft in das Bergwerk geleitet wurde. Irgendwann haben sie dann die toten Bergleute aus der Grube geholt."

„Das ist aber traurig. Und was hat das mit meinem Hansi zu tun?"

„Dein Hansi ist ein Held! Gestern Abend haben die von der Grubenverwaltung deinen Vater geholt. Du weißt doch, die letzten Tage hat es viel geregnet. Und da ist Wasser in einen der Wetterschächte gelaufen, hat Geröll gelöst. Das Geröll hat den Schacht verstopft. Es kam keine gute Luft mehr in die Grube, dafür aber Wasser. Dein Vater und die anderen Knappen sollten die Bergarbeiter, die in der Grube arbeiteten, warnen und feststellen, wie groß der Wassereinbruch ist. Doch die Bergarbeiter hatten wohl schon gemerkt, dass kein Luftzug mehr durch den Stollen ging, und waren zurückgegangen. Es hatten sich schon matte Wetter gebildet. Für deinen Hansi und die drei Kanarienvögel der anderen Bergleute war die Luft aber schon so schlecht, dass sie gestorben sind. Da wussten die Bergleute, dass sie ganz schnell den Stollen verlassen müssen, wenn sie überleben wollen."

„Warum hat Papa nicht einen anderen Kanarienvogel genommen, sondern meinen Hansi?"

„Nun, es musste ganz schnell gehen. Und die anderen Vögel waren ja auf dem Boden in der Vogelkammer. Dein Hansi, hier in der Küche... Den konnte der Papa mitnehmen, so wie er da stand mit seinem Käfig."

„Armer Hansi. Hat Papa ihn wieder mitgebracht?"

„Ich denke schon. Sei nicht traurig, Ludwig, weine nicht. Oben in der Vogelkammer sind vor ein paar Wochen neue Kanarienvögel aus den Eiern geschlüpft. Da kannst du dir einen neuen Hansi aussuchen. Such dir den Schönsten aus. Und übe mit ihm, so wie du mit deinem alten Hansi geübt hast. Dann wird er bald wieder genauso schön oder noch schöner singen, dein neuer Hansi. Oder wie soll er heißen?"

In der Chronik von St. Andreasberg ist unter dem 19. August 1895 zu lesen:

„Starke Regenfälle haben dazu geführt, dass in einen der Wetterschächte der Grube „Samson" Wasser und Schlamm geflossen ist und den Schacht verschlossen hat. Knappen der Grubenwehr, die von der Grubenverwaltung in die Grube geschickt wurden, um andere Bergleute zu warnen und den Wasserschaden einzudämmen, sind nur knapp einem Unglück entkommen. Kanarienvögel haben die Arbeiter rechtzeitig vor matten Wettern gewarnt."

··

Als Reff bezeichnet man ein Holzgestell, das auf dem Rücken getragen wird. Mit den Reffs aus St. Andreasberg wurden 189 Vogelkäfige in die Städte und Überseehäfen transportiert.

Mirjam Elisa Ritz

Welt wieder in HD

Die Grünstufen der Blätter fließen ineinander und verschwimmen zu einem eintönigen Brei. Die vielfältigen Braun- und Grautöne der Baumstämme und die Konturen der Rinde verschmelzen zu einem leblosen Braun. Der weite Horizont ist unscharf bis zur Unkenntlichkeit, Farben gehen ineinander über und werden trist. Eine kleine, graue Gestalt schiebt sich über den blauen Himmel und etwas an ihr bewegt sich. Vermutlich handelt es sich um einen Vogel.

Eine kühle, angenehme Brise streicht über mein Gesicht, während ich in meinem Garten stehe und mich innerlich von der Art verabschiede, wie ich auch im letzten Jahr mit meinen Augen die Ferne wahrgenommen habe. Ab jetzt kann ich mir aussuchen, ob ich sie als eintönig und grau oder farbenfroh sehe. Meine Aufmerksamkeit richtet sich auf den Gegenstand in meiner Hand. Er fühlt sich metallisch und fest an. Ich halte ihn an seinen goldenen Bügeln, die in der Sonne glänzen, und achte darauf, nicht die runden, blitzblanken Gläser zu berühren, damit sie nicht verschmutzen.

Als ich meine Brille endlich erhielt, wurde mir von der Verkäuferin geraten, diese erst zuhause zu tragen, da ich von den zurückgewonnenen Eindrücken überfordert sein könnte und dies im Straßenverkehr als Fahrradfahrerin gefährlich sein könnte. Deshalb musste ich mich bis zu diesem Zeitpunkt gedulden. Wie es gleich sein wird, die Natur das erste Mal mit ihr anzuschauen?

Lächelnd und mit vor Neugier und Aufregung leicht klopfendem Herzen setze ich die Brille auf. Die Welt erstrahlt in einem neuen Glanz. Ich glühe vor Begeisterung darüber. Die Blätter stechen scharf hervor und grenzen sich klar voneinander ab. Die Struktur der Baumrinde wird sichtbar. Wie die Vögel am Horizont mit ihren Flügeln schlagen, kann ich nun deutlich sehen. Selbst das Blau des Himmels intensiviert sich im Kontrast zu den vereinzelten, flauschigen Wolken.

Die Verschlechterung meiner Sehkraft ist ein langsamer, schleichender Prozess gewesen, der mir über die letzten Jahre nicht bewusst war, bis ich irgendwann Straßenschilder nicht mehr so gut erkennen konnte. Ich hatte über die Zeit ganz vergessen, wie mein Sehsinn eigentlich sein sollte. Jetzt, da ich weiß, welch eine Fülle an Farbnuancen und Formen mir in der Ferne gefehlt hat, empfinde ich die Brille als ein ganz besonderes Geschenk. Ich lächle und verbringe noch eine Weile damit, nur den Anblick der Weite zu genießen.

Ruth Finckh

Hässliches Grau?

Pelzgrau warmgrau steingrau
wolkengrau
das Grauen
liegt nicht in der Farbe sondern
im Grenzenlosen

Martina Scheible

Herzkirschenaugen

Herzkirschenaugen zwinkern mir zu, verlockend
von schwarzseidenen Wimpernfächern gerahmt
Ein zartroter Mund, voll geschwungener Provokation,
die meine Fingerspitze nachzeichnen möchte
Sein Schneelächeln, makellos zwischen der üppigen Hitze
der Lippen, einfach zum Küssen
Nachtfarbene Ringellocken, glänzend tanzend im Luftzug,
verlangen gestreichelt zu werden
Die sonnengeküsste Haut erzählt von Oliven, Jasmin und
Mittelmeer
Der Nacken, samtig und golden im Licht und im Schatten,
ideal um meine Nase hineinzuvergraben
Elegante Hände, zart und muskulös zugleich, deren Wärme ich
auf mir spüren möchte

So jung noch, ein Student aus südlicheren Ländern
Der mir meinen Frostino beim Costa Drive-in durchs
Fenster reicht
Und freundlich, gelassen, so völlig im Einklang mit sich selbst
Ein bisschen flirtet mit mir
Ganz mein Typ und ich fahre davon
Erhitzt und dringend meines Eiskaffees bedürfend

In meinen Tagträumen bin ich noch einmal so jung
Und hab ihm schamlos meine Telefonnummer gegeben
Und er wird mich anrufen

Immerhin – Träumen kann mir keiner verbieten
Und mein Gedächtnis ist noch ausgezeichnet ...

Gaba Weis

Der grüne Sinn

Nicht die Farbe an der Wand
Nicht die Zugehörigkeit zu einer Partei
Nicht die freitäglichen Demonstrationen
und schon gar nicht der Beruf
definieren den Grünen Sinn!

Der grüne Sinn trifft auf die Augen
und durchströmt den Sehnerv bis zum Hirn

Der grüne Sinn berührt die Haut und die freien Nervenenden
durchfließt dann die Nervenbahnen bis in das Hirn

Der grüne Sinn schwebt in die Nase und beflügelt die Riechzellen
wandert weiter über die Riechnerven bis ins Hirn

Der grüne Sinn erreicht in unterschiedlichen Erscheinungsfor-
men den Mund
schmeichelt den Schleimhäuten und
den Geschmackszellen auf der Zunge
wird weitergeleitet mitten ins Hirn

Der grüne Sinn fliegt zu den Ohren und bringt die Trommelfelle
zum Schwingen
wird elektrisch weitergeleitet bis tief ins Hirn

Der grüne Sinn beginnt in meinem Hirn zu tanzen und löst
ein Feuerwerk aus
lässt den ganzen Körper vibrieren

Der grüne Sinn zeigt sich in verliebten Augen und in
einem inneren wie äußeren Lächeln
er durchdringt jede Faser und bringt jede Zelle zum Schwingen

Der grüne Sinn ist bei vielen Menschen verkümmert
doch es gibt Hoffnung!

Man kann es jungen Menschen ansehen
wie der grüne Sinn ihnen ein inneres Lächeln hervorzaubert!

Bild: Positiver Frühlingsschmetterling   *Gaba Weis*

Michael Groß

Mammuts

Leise summen die Elektromotoren vor sich hin, übertönt nur vom sanften Rauschen der riesigen Propeller. Die Luft ist ruhig, wenig Wind, Idealbedingungen fast. Major Pjotr Michailowitsch steuert das Luftschiff über flaches, monotones Grasland mit kleinen Seen, Flüssen und eingesprenkelten Tupfern aus Niederwald. Vor hundertfünfzig Jahren noch war dieses Gebiet nutzlose Taiga gewesen, jetzt wimmelt es hier vor Großwildherden. Der Major transportiert Wasser, das er ablassen wird, wenn er die Tierkörper aufnimmt.

Michailowitsch – die anderen Piloten nennen ihn Mika – ist stolz auf seine Suchoi M-113, ein elegantes Design mit Carbonrippen und einer silbrig glänzenden Haut aus kohleverstärkter Nanofolie. Sieben Jahre lang hatte er dem Vaterland auf kleineren Schiffen gedient, vornehmlich der 80'er Reihe. In regelrechten Schwärmen waren sie ausgeflogen und hatten Tiere eingesammelt: Rentiere, Karibus, Auerochsen, Bisons, Pferde, Yaks... manchmal sogar Riesenhirsche oder Wollnashörner mit ihrem dichten, langen Fell. Bis man ihm endlich die Lizenz für die 113 anbot. Sie war das größte Schiff der Flotte, das Fahrzeug für besondere Einsätze. Sechs Mammuts konnte sie auf einmal transportieren, auch wenn es schwere, ausgewachsene Tiere waren.

An die linke Seite der grell-orangen Pilotenkanzel hatte Mika in großen, dunkelgrünen Lettern den Namen ‚Jelinka' pinseln lassen. Eigentlich durfte man das nicht, aber seit die Brigade in Novosibirsk damit angefangen hatte, ließen immer mehr Piloten phantasievolle Namen auf ihre Schiffe malen. Warek hatte ein Händchen dafür. Es hatte nur eine Kiste Nova gekostet.

Warek war ein komischer Kauz. Wenn er Urlaub hatte, ging er nicht in die Stadt wie alle anderen, sondern ließ sich mit seinem

Hund in eine einsame Trapperhütte fliegen, wo Bären, Wölfe und alle möglichen anderen Viecher ums Haus schlichen. Und da malte er dann. Wochenlang. Und eigentlich immer nur Himmel. Aber sonst war er in Ordnung. Ein Kauz, wie viele hier.

Mika liebte es, seine Jelinka von Hand dicht über den Boden zu steuern. Das war verboten, aber der Oberst nahm es nicht so genau, solange nichts passierte. Außerdem kannte er den Servicetechniker, der nachher die Flugdaten auslas. ‚Den Flug beschönigen‘, nannten sie das. Wenn er bei ruhigem Wetter über Seen flog, ging er manchmal so tief runter, dass er das Gefühl hatte, direkt auf dem Wasser zu sitzen. Die Jelinka zog dann durch den Luftdruck ein richtiges Kielwasser hinter sich her. Mika konnte das sehen, wenn er aus dem Rückfenster schaute.

Der Oberst hatte ihn gleich losgeschickt, als die ersten Meldungen eintrafen. Wenigstens fünf Stunden würde er brauchen bis zum Zielgebiet. Erst tief in der Nacht würde er wieder zurück sein, aber das war hier so üblich. Manchmal mussten sie sogar nachts starten, damit vormittags die Wölfe nicht alles aufgefressen hatten. Aber die Wölfe hielten die Tiere auf Trab, das verbesserte die Fleischqualität. Zwei Tiere waren gemeldet, ein drittes kam kurz nach dem Start, ein viertes eine halbe Stunde vor dem Ziel. Es würde sich lohnen heute. Die Schlachter in der Station würden eine Nachtschicht einlegen müssen.

Die riesigen Tierherden und die Vogelschwärme unter dem Schiff interessierten Mika nicht; heute ging es auf Mammuts. Sie brachten hervorragendes Fleisch und gute Preise, auch die Stoßzähne fanden gut zahlende Interessenten. Das Aufnehmen der ersten drei Tiere gelang problemlos. Die Jelinka senkte sich wie ein riesiges, brummendes Insekt über die frisch geschossenen Kadaver, ließ die schweren Greifhaken herunter, hob die Mammuts an und sicherte sie mit Seilen und Klammern. Bis zum Equilibrium wurde Wasser aus den Tanks abgelassen. Danach war das

Luftschiff wieder im Gleichgewicht und zog die schweren Tiere nach oben in den Bauch des Laderaums. Die Luken schlossen sich automatisch.

Der Peilsender für das vierte Tier machte Schwierigkeiten. Immer wieder fiel das Signal aus. Mika fluchte, aber schließlich fand er es doch noch. Als das Luftschiff sich näherte, hob das auf der Seite liegende Tier den Kopf und versuchte aufzustehen. Verdammt, entfuhr es dem Major. Er brachte das Schiff in Position, zielte sorgfältig mithilfe des Bildschirms, dann krachte der Schuss. Das Mammut fiel auf die Seite, streckte zitternd die mit rotbraunem, zotteligem Fell bedeckten Beine aus, dann lag es still.

Mika wollte es gerade aufnehmen, da störte irgendetwas seine Wahrnehmung. Weiter hinten, inmitten des unendlichen Graslands, war etwas, das da nicht hingehörte. Mika hob das Glas vor die Augen. Es war ein auf der Seite liegendes Trapperfahrzeug, eins der achträdrigen Busch-Hopper, die auch schwimmen konnten. Sie stammten noch aus Armeebeständen; für dieses Gelände waren sie ideal.

Eigentlich war es erstaunlich, wie gutmütig die riesigen Mammuts im Grunde waren. Es konnte einem richtig leid tun, sie zu schießen. Dennoch konnte ein waidwundes Tier ohne weiteres ein Fahrzeug samt Jäger zermalmen. Mika zerbiss einen Fluch zwischen den Zähnen. Ausgerechnet heute war er alleine losgeflogen, weil die junge Frau seines Copiloten Iljitsch ein Kind erwartete. Nun war Iljitsch in der Klinik, Mika alleine und der Oberst wusste nichts davon. Piloten war es strikt verboten, das Fahrzeug auf einer Mission zu verlassen, außer im Fall einer Havarie.

Dann sah er den Trapper. Er lag auf dem Bauch, Arme und Beine von sich gestreckt, so wie er aus dem Fahrzeug geschleudert worden war. Die riesige Jagdgewehr lag vier Meter entfernt. Der Hund, der sich vor dem Schiff zurückgezogen hatte, kläffte aus sicherer Entfernung wütend die Jelinka an. Das Gras war zerwühlt, aber es war kein Blut zu sehen. Der Major kontrollierte die Listen, es musste Ivan Denissowitsch sein. Der Mann im Gras schien tot zu sein; sein Kopf war nach rechts gedreht, der Mund stand offen.

Mika überlegte fieberhaft. Aussteigen durfte er nicht. Schließlich nahm er die Jelinka etwas höher und manövrierte die verglaste Pilotenkanzel schräg über den Trapper. Er aktivierte das Megaphon, drehte den Regler auf volle Lautstärke, nahm das Mikrophon dicht vor die Lippen und holte tief Luft. „IVANKAAA!", donnerte das Schiff, dass die Steppe widerhallte. Zwei Kilometer weiter drehte eine alte Mammutkuh ihren Kopf, spreizte die Ohren, hob den Rüssel und lauschte. Der Jagdhund machte jaulend einen riesigen Satz senkrecht in die Luft, drehte sich auf der Stelle und stob mit eingeklemmtem Schwanz davon. Der Trapper zog die Beine an, krümmte sich auf die Seite und hielt sich beide Ohren zu. Jetzt sah Mika auch die Flasche.

Ivan, der Trapper, versuchte auf die Beine zu kommen. Schließlich zog er sich an seinem umgekippten Fahrzeug hoch. Er schwankte, suchte das Funkgerät in seinen Taschen, fand es aber nicht. „Ivanka, du Mädchen! Hast du Löcher in die Luft geschossen? ES LEBTE NOCH!" dröhnte das Luftschiff. Die Leitkuh legte den Kopf schief, der Jagdhund verdrückte sich noch weiter vom Ort des Geschehens. Ivan ging in die Knie, krümmte sich zusammen und hielt sich wieder die Ohren zu. Dann drohte er dem Major, der schräg über ihm hing, mit der Faust.

Mika drehte die Lautstärke herunter. „Was ist? Soll ich das dem Oberst melden?"

Der Trapper hatte sein Funkgerät immer noch nicht. Also führte er Zeigefinger und Mittelfinger der rechten Hand rasch von links nach rechts an seiner Kehle vorbei. Dann beschrieb er mit der Rechten einen riesigen Kreis, so weit sein Arm reichte, winkelte den linken Arm an und tat, als würde er Violine spielen. Der Major grinste. „Selber Arschgeige!" brummte das Luftschiff.

Mika schüttelte den Kopf. Das Aufrichten des umgekippten Fahrzeugs kostete ihn keine zehn Minuten, dank der Bordkameras und der Greifhaken. Dann drehte er langsam das schwere Schiff Richtung Mammut, um es aufzunehmen. Mit Sicherheit würde Ivan heute kein weiteres schießen. Wenn er denn mit seinem besoffenen Kopf überhaupt nach Hause fand.

Es war nicht ungefährlich hier draußen auf der Steppe. Sie hatten Wölfe gezüchtet, groß wie Kälber, auch Tiger waren wieder da. Sie alle folgte den Herden, wie sie es schon in der Eiszeit getan hatten. Das molekulargenetische Zuchtprogramm hatte voll eingeschlagen und die pleistozäne Tierwelt fast vollständig wieder aufleben lassen. Nun war die einstige Taiga die Fleischkammer Eurasiens. Grasland bis über den Horizont. Die Transsib brachte das Fleisch in Kühlwagen über die Mongolei nach China und über Moskau nach Westeuropa. Alle paar hundert Kilometer lagen die Schlachtstationen mit den riesigen Zeppelinhangars.

Es gehörte zur Ausbildung der hier arbeitenden Crews, die Entstehung dieser Landschaft zu kennen. Der Major erinnerte sich: Das ‚Pleistocene Park Project' hatte damals ein gewisser Nikita Simov geleitet, nachdem sein Vater Sergej, ein Biologe, die wissenschaftliche Basis gelegt hatte. Ein Präsident namens Vladimir Putin – in allen Stationen hingen Bilder von ihm – hatte das Projekt dann mit den nötigen Mitteln und Ressourcen versehen. Mittlerweile lief das Fleischgeschäft fast so gut wie früher das Erdgas, das heute niemand mehr brauchte. Die Förderanlagen standen schon lange still und rotteten vor sich hin, die Pipelines zerfielen.

Nun ja. Mika konnte ja nicht das Kindermädchen spielen. Die Trapper mussten schon selber auf sich aufpassen. In der rötlichen Abenddämmerung stellte Major Pjotr Michailowitsch den

Autopiloten seiner Suchoi auf ,Basis-Station'. Der Bordcomputer berechnete die voraussichtliche Ankunft auf drei Uhr morgens. Mika seufzte und sah nach draußen. Hoffentlich hielt sich das Wetter.

Der Oberst würde die Schlachter, die stets auf Abruf standen, noch ein paar Stunden schlafen lassen, bevor er sie zum Dienst scheuchte. Sie wurden ja gut bezahlt dafür. Und Mika würde Iljitsch anrufen, ob das Baby gesund sei und welchen Namen sie ausgesucht hatten. Dann würde er der Flugleiterin im Kontrollzentrum routiniert Bericht erstatten. Sie war eine dicke Matruschka, die auf schwülstige Tangomusik stand und jeden, der hereinkam, gelangweilt über ihre Brille hinweg anschaute. „Vier Mammuts. Keine Vorkommnisse."

Alles wie immer. Der Major sah versonnen aus dem Fenster seiner 113, die einsam durch die Nacht brummte. Ab und zu leuchtete ein schmaler, blasser Mond durch die Wolken und warf ein hellgraues, verwaschenes Licht auf die Seen. Pjotr Michailowitsch dachte an seine Frau und ihre kleine Tochter Jelinka. Sie war ein hübsches, aufgewecktes Kind. Er musste lächeln.

Gernot Sander
Ein Gleichnis

Ich vergleiche die Wahrnehmung eines Menschen mit einem Haus mit vielen Fenstern. Jedes Fenster weist in eine bestimmte Richtung, auf mögliche Erfahrungen. Manche sind weit geöffnet, andere halb oder ganz verschlossen.

Durch diese Fenster nehmen wir die Welt wahr, jeder auf seine Weise. Denn es gibt keine zwei Menschen, deren Fenster ein gleiches Muster aufweisen.

Die Fenster können sich im Lauf eines Lebens weiten oder verengen, aber nicht immer und dann nur wenig. So werde ich das tiefe Musikverständnis mancher meiner Freunde nie nachvollziehen können, es bleibt für mich bei hübschen Melodien zum Nachträllern. Dafür ist mein Blick für bildende Kunst, Bilder und Skulpturen weit geöffnet, und ich sehe manches, was andere nicht sehen oder nicht sehen können.

Und das trotz meiner angeborenen Behinderung, der Rot-Grün-Blindheit. Ich sehe Farben völlig anders als Normalsichtige (nur blau und gelb als reine Farben), und dennoch kann mich ein Bild, eine Skulptur völlig gefangen nehmen und einen unauslöschlichen Eindruck hinterlassen.

Wie ist dennoch eine Verständigung mit Menschen möglich, deren Erfahrungswelt eine ganz andere ist, kann ich etwa Erfahrungen von Menschen nachvollziehen, die in einer mir unzugänglichen Musikwelt leben?

Dazu eine grundsätzliche Erwägung.

Erkenntnisse können von verschiedener Art sein: analytisch oder synthetisch. In der heutigen Welt wird weit überwiegend das analytische Verständnis von Zusammenhängen gefördert und gefordert und ist vielfach auch notwendig, so in meinem Beruf als Wissenschaftler. Denn nur auf dieser Ebene können wir uns einigermaßen widerspruchsfrei miteinander verständigen.

Und doch hat meine Sehnsucht immer einer ganzheitlichen, synthetischen Weltsicht gegolten und tut es noch: Ich habe erst dann das Gefühl, eine Sache verstanden zu haben, wenn ich sie mit einem Blick vollständig erfassen kann. Das kann geschehen entweder nach intensivem Studium der Details oder bei einem Kunstwerk auch auf einen Blick, der durch nachträgliches Detailstudium vertieft werden kann. Diese ganzheitliche Sichtweise ist vorwiegend analytisch denkenden Menschen schwer kommunizierbar, da für sie andere Erkenntnisfenster Vorrang haben: Und das scheint angeboren zu sein.

Ich habe Verständnis für Goethes Widerwillen gegen die Aufspaltung des weißen Lichts in seine Spektralfarben, und das obwohl er Unrecht hatte.

Um die Ergriffenheit der Musikliebhaber unter meinen Freunden nachempfinden zu können, brauche ich eine Art Transformation: Ich stelle mir vor, durch dasjenige meiner Bewusstseinsfenster zu blicken, das am weitesten geöffnet ist, und spüre den Nachhall einer Empfindung, die etwa ein Bild bei mir ausgelöst hat. Denn eine Partitur werde ich nie verstehen, und an Gesprächen über klassische Musik kann ich mich nicht beteiligen, ohne mir und anderen etwas vorzumachen. Das verbindende Element ist dann Sympathie.

Birgit Heymann
Li lei li lei lei

Lei la li li lei
Schleifen und Schlangen
fliegen bunt schimmernd
in weiten Schneisen

Lei lei li lei li
leichter Streichelwind
wirbelt mit weichem Strich
Schatten in die Luft

Lei la li li lei
feine Samenschirme
umgeben schwebend
Libellen im Seichten

Lei la li lei li
kleine Wasserwirbel
leiten hebend Schiffchen
aus weißem Chiffon

Lei lei li li lei
Leinen los schon gleite
unter straffen Segeln
ins hell flirrende Weite

Sprich leise hör's klingen
schaue die Zeilen
Schreiben ist Sehen
Lesen heißt Teilen

Li lei li lei lei

Nevena Radeva

Blumengarten

Zart,
bunt, vielfältig
wachsen sie hinauf,
wie Blumen blühen die
Gedanken

Zart,
glänzend, mehrdeutig,
in Licht getauchte
Worte, begossen oft mit
Tränen

Zart
blüht sie,
wächst, reift still,
entfaltet Duft und Farbe
Poesie

Bild: Frau Natur
Samira Belmonte

Samira Belmonte
Von Sinnen

Morgens wache ich auf, bin noch ganz von Sinnen. Traumes Schleier liegt noch über meinen Augen. Fühle die Wärme meines Bettes wie jemand, der neben mir liegt, schmecke den Schlaf noch auf der Zunge und rieche ihn im Raum. Ich setze mich auf, strecke mich und spüre, wie sich alles wieder an seinen Platz legt, höre das Ploppen meiner Gelenke, das Knacken im Rücken und stehe auf. Meinen Gleichgewichtssinn habe ich im Bett gelassen und torkle ins Bad, nachdem ich die Kaffeemaschine angeschaltet habe.

Meine Haare sind erst seit anderthalb Jahren kurz, doch heute merke ich, wie sehr sie wieder gewachsen sind. Und es gefällt mir nicht. Mir starrt aus dem Spiegel jemand entgegen, der ich nicht mehr sein will. Jemand, der so lange mit sich und an sich und in sich gehadert hat, dass der Haarschnitt sich wie eine Befreiung angefühlt hat, doch die Ranken wachsen, schleichend langsam doch unaufhörlich, versuchen, mich wieder gefangen zu nehmen, ziehen mich hinab in die Sümpfe der Erinnerung. Ich seufze, seit gestern sind die Haarsalons wieder geöffnet und obwohl ich nichts anderes als meine kurzen Haare zurück will, will ich eigentlich nicht dorthin.

Das Wasser ist kalt, eisig, als es auf mein Gesicht trifft und meine Arme hinabrinnt, bis es in kleinen Tropfen auf den Boden neben meinen Füßen landet. Ich sehne mich nach damals, als ich noch klein genug war, meine Arme kurz genug, um nicht über den Waschbeckenrand zu ragen, und erinnere mich, dass ich damals auch mal kurze Haare hatte, sogar glatte. Wie lange ist das nun her, ich kann mich nicht erinnern. Das Handtuch, mit dem ich mein Gesicht trocknen will, ist noch klamm, weil es Stunden zuvor bereits benutzt wurde. Dies und die Tasse neben der Spüle, Zeichen des Menschen, mit dem ich mein Leben teile.

Die Kaffeemaschine gurgelt wütend und wird leise. Ich gehe in die Küche. Die Katze sitzt neben ihrem Napf und sieht mich aufmerksam an. Wie der Bauer sich als erstes um das Wohl seiner Tiere sorgt, gehe ich zum Schrank und hole die Dose mit dem Futter heraus. Hinter mir höre ich ein sanftes Schmatzen und muss schmunzeln. Es sind die kleinen Freuden, die das Leben erträglich machen. Das Schmatzen der Katzen. Der Kater kommt hinzu und beginnt zu maunzen und zu lamentieren. Ich ziehe an der metallenen Lasche und sofort steigt mir ein fleischiger Geruch entgegen, ich reiße den Deckel mit dem widerlichen metallischen Geräusch auf und der Gestank strömt in den Raum. Begleitet von einem unappetitlichen Schmatzen löffle ich das Fleisch aus der Dose und in die Näpfe, der Kater mault, die Katze leckt sich das Mäulchen. In mir macht sich eine wahnsinnige Freude breit. Es sind die kleinen Dinge im Leben.

Heute entscheide ich mich für die Tasse, die wie ein blauer Oktopus aussieht, obwohl sie etwas unpraktisch für meinen Kaffee ist, an anderen Tagen trinke ich aus ihr meinen Tee, denn den muss ich nicht durchrühren und brauche mir keine Sorgen zu machen, dass ich den Lack innen beschädige, aber das ist mir heute egal. Ich will mich an den kleinen Freuden laben, in der Hoffnung, damit die Stürme in mir zu besänftigen. Ich schenke den restlichen Kaffee in mein kleines Opferglas und nehme es mit ins Wohnzimmer, zünde die Kerze an, die nach Honig und Zirbe duftet, und stelle andächtig mein kleines Opferglas dazu, lade die Götter ein, sich zu mir zu gesellen, wenn sie möchten.

Der Kaffee ist stark und leicht sauer, also stehe ich auf und hole mir Zucker. Im Laufen fühle ich die Anwesenheit einer chaotischen Kraft. Sie ist alles andere als primitiv, sie ist alt und mächtig und ich spüre das breite Grinsen noch, bevor mein Bauchgefühl mir sagt, ich solle meinen Kaffee heute mal süßer trinken als sonst.

Ich rieche Zimt und Vanille und schmunzle. Sie nennen ihn den Silberzüngigen, ich nenne ihn die Naschkatze. Den Kopf schüttelnd trete ich an mein Gewürzregal und hole die beiden Gläser heraus. Es sind die kleinen Dinge, die mir Freude bringen, der Anblick der vielen Kräuter und Gewürze, die ich in gläsernen Behältern verwahre. Freunde, die scherzen, dass ich mal eine Kräuterhexe gewesen sein muss, weil ich jedes Mal vor Freude ausraste, wenn ich das Konservenglas öffnen kann, ohne den Deckel zu beschädigen. Ich grinse nur, warum sollte ich ein perfektes Glas mit perfektem Deckel wegwerfen, wenn ich darin auch einfach meine Gewürze, meine Kräuter, meinen Tee lagern kann, anstatt die mit Plastik beschichteten Papiertüten mit einer Klammer zu schließen. Warum wegtun, was in Ordnung ist. Es macht mir Freude, in den Schrank zu schauen und zu sehen, wie viele Gläser darauf warten, ihrem Leben einen neuen Sinn verliehen zu bekommen. Mein zuckersüchtiges Bauchgefühl meldet sich erneut, ich könne doch auch mal etwas Wahnwitziges darin aufbewahren, Buntstiftspäne etwa, bei der Masse an leeren Gläsern könnte ich diese sogar nach Farben ordnen.

Oh, ich bitte dich! Lache ich. Glaub mir, ich muss nicht jeden Quatsch behalten.

Aber es könnte so schön aussehen.

Ich grunze, Ja klar, schön. Wahnsinnig trifft es besser, lieber Freund.

Was ist schlecht am Wahnsinn? Grinst er mit vernarbten Lippen. *Willst du nicht auch mal ausrasten, komplett durchdrehen? Deine Grenzen überwinden und die uralten Kräfte wecken, die tief in dir schlummern, hm?!* Gackert er und lacht.

Vielleicht ein andermal.

Wenn du meinst...

Heute ja, alter Freund, heute ja.

Am Ende entscheide ich mich für etwas Vanille in meinem Kaffee, ich kann das kecke Grinsen tief in mir fühlen und auch das ist eine dieser Freuden. Warum er heute hier ist, wundert mich nicht mehr.

Eigentlich habe ich dich gerufen, ist es nicht so?

In meiner Seele ist es still und dennoch fühle ich ganz warm seine Zustimmung. Ich denke an ihn und nehme einen Schluck. Mein Kaffee ist so süß, dass mir fast die Zähne schmerzen. Grinsend hebe ich die Tasse.

Komm, Freund, trink mit mir, rauch mit mir. Ich drehe eine Zigarette und zünde sie an. Für dich, mein Freund, der du mit glühendem Rauch den Menschen die Maske abziehst, damit sie sehen können, wer sie sind.

Oft, wenn er zu Besuch ist, denke ich zurück an den Tag, als er höhnisch lachend mir seine Aufmerksamkeit verkündet hat. Wie er, mir unbekannt, mir das große Geschenk einer roten Ampel machte. Erinnere mich daran, wie ich rannte, bis mir die Lunge brannte, und die Götter bat, meine Bitte zu erhören, wie ich atemlos versuchte, dem Busfahrer meine Station zu nennen und dann Sterne sehend zum freien Platz wankte und minutenlang versuchte, mein pochendes Herz zu beruhigen. Denke daran, wie ich, endlich bei Sinnen, fragte, wem denn nun mein Dank gebührte, und just in dem Moment das Graffiti mit seinem Namen sah und wie ich von Sinnen im Bus laut lachte und die anderen Fahrgäste glauben machte, ich sei wahnsinnig, und wie ich zum Dank mein bestes Stück Fleisch beim Abendessen mit ihm teilte.

Sein Blutsbruder hatte mir, jetzt sehe ich, immer wieder Zeichen geschenkt, doch als solche hatte ich sie nie erkannt. Diese Einsicht kam erst nach jenem Vorfall mit dem schwarzen, in krakeligen Lettern dort an die Wand geschmierten Wort *Loki*.

Michael Groß

Mein schönes schwarzes Fell

Ich gehöre zu einer großen Gruppe, fast sechzig Individuen. Unser Lager liegt an einem Felsüberhang, irgendwo in der afrikanischen Savanne. Seit diesem Sommer gehe ich mit den Männern. Wir holen Fleisch und markhaltige Knochen von Tieren, die die Löwen in der Nacht zuvor geschlagen haben; kreisende Geier zeigen es zuverlässig an. Jedes Mal müssen wir uns mit Dingos, Hyänen und Geiern um die Reste schlagen; kommen wir zu spät, ist nichts mehr da. Ich lerne von den Alten, damit ich ein guter Jäger werde und meinen Beitrag leisten kann. Große Beute wird grundsätzlich geteilt. Wenn wir nicht gemeinsam jagen, lauere ich auf Kleintiere, nehme Vogelnester oder Bienenstöcke aus, grabe Kaninchen und Gürteltiere aus dem Boden.

Es gibt eine Freundin; sie hat ein Junges, nicht von mir. Wir lausen uns manchmal. Ab und zu bringe ich ihr ein junges Kaninchen oder eine Taube mit, die sie rasch annimmt und sofort verzehrt. Die dünnen Knochen knacken unter ihren kräftigen Zähnen. Die Federn im Mundwinkel wischt sie mit dem Handrücken fort. Danach dösen wir gemeinsam in den Nachmittag. Ihr dichtes, schwarzes Fell fühlt sich wunderbar an. Sie riecht gut. Sie lächelt oft, auch zu mir herüber.

Von wem sie das Kind hat, weiß ich nicht, aber es interessiert mich auch nicht. Bestimmt einer der Alten, was soll's. Ich freue mich, wie sie meine kleinen Jagdgeschenke annimmt und sich nach dem Essen gründlich die Finger leckt. Danach säugt sie ihr Kleines. Das ist schon ganz zutraulich und krabbelt manchmal über mich hinweg, oder es schläft auf meinem Bauch ein. Seine langen Schnurrbarthaare sind ganz weiß. Es riecht anders als sie, ein bisschen fremd, aber ich denke, daran kann ich mich gewöhnen.

Heute hat sie mir zum ersten Mal ihre Muschi geboten, etwas abseits der Gruppe hinter einem Busch, es muss ja nicht jeder gleich mitkriegen. Es ging leider ziemlich schnell; ich bin es noch nicht gewohnt, aber es war trotzdem schön. Danach saßen wir noch eine Weile aneinandergeschmiegt. Sie ist ein tolles Mädchen!

Jetzt hocke ich allein auf der roten Erde, rechts und hinter mir Büsche, links eine zerzauste, mit Dornen bewehrte Akazie. Vor mir liegt die weite Ebene. Ein Stückchen weiter hinten höre ich das leise Murmeln, Grunzen und Quieken der anderen, die sich jeden Abend unter dem Felsen versammeln. Die Beute des Tages haben sie längst verzehrt, nun ist es noch etwas Zeit, bis die Nacht hereinbricht. Der rote Boden, auf dem ich halb liege, halb sitze, ist warm. Roter Staub krümelt zwischen meinen Zehen. Die Sonne brennt nicht mehr, stattdessen lässt ihr schräges Licht den Himmel, die Wolken und die ganze Welt in satten Farben erstrahlen.

Meine Gedanken schweifen. Es ist noch gar nicht so lange her, da haben wir uns von den Waldmännern getrennt. Während sie im Urwald zurückblieben, sind wir tollkühn in die Savanne gezogen, wo es von Raubkatzen, Dingos und Wölfen nur so wimmelt. Dafür aber gibt es hier: Fleisch! Verteidigung ist nur gemeinsam möglich, deshalb haben wir uns mit ein paar anderen Gruppen zusammengetan. Witzig, wie die herrischen Alten plötzlich lernen mussten zu kooperieren, obwohl sie sich partout nicht riechen können. Was haben wir gelacht! Natürlich nur unter der Hand.

Mittlerweile hat es sich eingespielt, und jeder weiß, was er zu tun hat. Auch wenn es lebensgefährlich ist, beantworten wir jeden Angriff einer Raubkatze mit einem sofortigen Gegenangriff zahlreicher Männer. Wir springen, brüllen, fauchen und keckern, werfen mit Steinen und schlagen mit Knüppeln. Am liebsten nehmen wir Akazienzweige, deren handlange, stahlharte, nadelscharfe Dornen schmerzhaft in jedes Katzenfell fahren; erst neulich hat einer der Alten damit einem jungen Säbelzahntiger ein Auge blutig geschlagen. Die Biester werden schon noch lernen, dass mit uns nicht zu spaßen ist!

Heute aber ist es ruhig. Das Abendlicht vergoldet die Savanne. Ich kratze mich träge am Bauch, betrachte mein schönes, schwarzglänzendes Fell und das verschrumpelte Ding, das vorhin noch prall und fest in meiner Liebsten steckte. Und auf einmal merke ich, inmitten des vergehenden Tages, inmitten dieses herrlichen Lichts, halb sitzend, halb liegend auf der warmen, roten Erde, dass ich glücklich bin. Nichts fehlt mir, wirklich nichts. Tief atme ich die trockene, würzige Luft der Savanne. Ich gehöre hierher, nirgendwohin sonst.

Bald geht die Sonne unter. Dann wird es Zeit, zurückzugehen zu den anderen, zu meinem Mädchen. Nachts kommen manchmal Löwen hierher. Aber wenn wir zusammenhalten, können sie uns nichts anhaben.

Hansi Sondermann

Endspiel?

E – in grünseidenen Dessous, die kupferfarbenen Haare hochgesteckt, im Mundwinkel eine *Cortes II* – jetzt auf ihrer „Lotterwiese"; ein Wort aus der Zeit, als die Wohnlandschaft das noch war. Eben erst in ihrem Gymnastikraum. Danach Heißwasserbad, vom Roboter abgetrocknet und massiert. *Wieder kaum was gespürt.* Sie tastet ihren Körper ab. *Fast alles taub. Auch da, wo sonst noch immer...*

Sie zwingt ihre Hände in Energieschlaufen aus Metall, drückt mit den Knien die jeweiligen Startpunkte: Heftiges Körperbeben, das sie bis zum Punkt X aushält, dann reizerschöpft in die Kissen sinkt.

Sie blickt zur Balkontür.

Das Glas: nebelgrau. Ein Nichtlicht. Passt zu den endlosen Nachmittagen, die sich bleiern, schläfrig dahinziehen, dazu das enervierende Warten, dass endlich der Abend kommt, der sich aber bitte schnell für die Nacht öffnen soll, damit dieser Dämmer zur echten Dunkelheit wird.

E spürt Hunger, nur Hunger, keinen Appetit. *Alles ohne Geschmack, auch die Nummer 4320.* Die sie trotzdem auf die Abruftaste tippt. Keine Reaktion. Sonst immer: „4320 in 2 ½ Minuten", und das Gewählte saust im Lift blitzschnell nach oben. *Die Tower-Küche ist offenbar... Wieso... seit wann das?*

E sucht nach Nahrung. Sie isst normalerweise Tower-Food. *Schmeckt in der Regel nach Metall, nach Chemie. Falls ich etwas schmecke.* Sie findet nur Tee. Aus den karpatischen Hügeln. Aus dem Wasserrohr kein Tropfen.

Sie starrt auf den Monitor, der die gesamte Zimmerwand bedeckt. *Was ist los? Die Sprache jetzt unverständlich, die Musik unsauber, nur wenig zu hören. Oder liegt es an meinen Ohren? Das Licht wird schwächer, blass, neblig.* Plötzlich aus! Das riesige Wandquadrat nur noch ein „schwarzes Loch."

E bearbeitet ihre Phones: C...D...E...F...Lichtstärke, Lautstärke. Aber jedes Phone ohne Kontakt.

Sie läuft durch alle Nebenräume, berührt mit ihren Fingern die Energiekacheln. Aber nicht ein Punkt, nicht ein Miniquadrat reagiert. Alle Heizwände sind kalt. *Oder hast du deinen Tastsinn verloren?* Auch alle Zeitmesser sind tot. Wie schon lange die Sonnenuhr an ihrer Hand.

Panik! Die rasant ansteigt. Trotz heftiger innerer Mut- und Tapferkeitsbeschwörung. E geht auf den Balkon. Ein Glaskäfig. Wegen der Sprungsuizide. „Die Sauereien auf dem Boden", so die Tower-Verwaltung. Kein Blick nach unten. Nur auf die andere Seite. Die neuen Towers 021, 022, 023. Aluminium, Beton, Kunststoff, Steinholz, Emaille. *Der bloße Anblick lässt mich schaudern. Diese größenwahnsinnige Vertikale, die sterile Symmetrie. Eine inhumane Architektur.*

In all ihren Wohnräumen plötzlich ein glasiger Dunst. *Was ist das jetzt? Ich rieche nichts. Sehe auch nichts mehr deutlich. Werde ich auch noch blind?* Angstschweiß! Luftnot! Handzittern.

Apropos blind. H ist blind. Wie erlebt er die Lichtarmut? Spürt er überhaupt etwas davon?

Hauptursache dessen, was E als drohenden Verlust ihrer Sinne empfindet, ist zweifellos das Überallautomatisierte, Kontaktarme und Mitempfindungslose einer Welt, in der es keine Namen mehr gibt, nur Kürzel und Nummern.

Zudem gibt es in ihrem Leben ein Ereignis, das zwar weit zurückliegt, trotzdem ihr Gefühlsleben fatal beeinflusst hat. Mit starkem Nachhall.

Zum Zeitpunkt dieses Geschehens war E eine überdurchschnittlich dotierte Vorstandsassistentin in einem weltweit bedeutenden Industrie- und Handelsunternehmen. Neidgetränkten Ondits nach hat sie sich – vulgärsprachlich – nur hochgevögelt. Diesen Gerüchten hat E – bis auf das „nur"– niemals widersprochen. *Natürlich haben einige meiner CEOs oft und gern meine „Lotterwiese" besucht. Jeder von ihnen hat sich als Gentleman benommen, mich als Frau respektiert. Das im Gegensatz zum CHRO des Unternehmens; dieses Schwein, der es mir, mich überrumpelnd, auf dem Schreibtisch des CEO machen wollte, und das äußerst brutal. Seine Augen, der geile Atem, die widerliche Ausdünstung, die Ekelsprache, die fetten Hände auf meinem Körper... Naaain!... Ich habe ihm meine High-Heels so heftig in die Eier gestoßen, dass er brüllend wie ein kastrierter Bulle in einen der Konferenzsessel...*

Dadurch hat E ihren äußerst lukrativen Job verloren, und Ähnliches nicht wiedererhalten. Auch in der Gegenwart gibt es noch immer den jobvernichtenden Mechanismus, der in den vergangenen Jahrhunderten gängig gewesen sein soll, diese psychoraffinierten Zeugnistexte. Eine Silbe genügt: Und jede Chance für alle Zeit vereitelt. *In meinem Fall hatte der allzeitverfluchte Personalchef den CEO – weshalb, weiß der Teufel – in seiner Schmutzhand.*

Um einer von E eventuell zu erwartenden Publizierung außen- und wirtschaftspolitisch brisanter Unternehmensvorgänge zuvorzukommen, hat sie eine siebenstellige Abfindung erhalten, wovon sie ausgezeichnet leben kann. Was jedoch nicht verhindert, dass der Gewaltakt damals, obwohl letztlich nicht vollzogen, fatalerweise noch immer auf ihr gesamtes sinnliches Empfinden destruktiv einwirkt.

H ist meine Rettung! Nicht zuletzt wegen seiner Blindheit. H ist in diesem Mammutgebäude der einzige Mensch, den sie kennt, und der sie kennt. Wie längst überall in der Welt sind auch im Tower 020 die Menschen einander völlig fremd. *In früheren Jahrhunderten soll es so etwas wie Hausgemeinschaften gegeben haben; oft nur interessenbezogene Kollektive. Die Vorstellung, dass es im Hier und Jetzt Ähnliches geben könnte, überfordert meine Phantasie.*

Wie in anderen Towers haben auch in diesem Turm alle Wohnungen, wie ihre Bewohner, nur Nummern. Sämtliche Namen sind ausgelöscht. E ist Nummer 0662, H, der Blinde 0771. Ihn mit ihrem Phone zu erreichen ist, wie alles vorher, vergeblich. Sie läuft in den Aufzugstrakt. Sonst sofort Licht. Jetzt nicht. Auch der Lift ist tot. Sie versucht die Treppe. Zwei Stockwerke bis H. Sie stolpert. Stürzt fast. Endlich vor seiner Tür. Sie klopft, klopft, klopft. Es dauert, bis H öffnet. „Ich habe dich gehört, war aber… !" „Hast du zu essen, zu trinken?" „Nur Brot und Wein." „Wein?" „Aus dem Labor. Nach jahrhundertaltrheinischem Rezept! Du hast Hunger? Hier, iss!" Das Brot, das E in der Hand hält: *sehr trocken.* „Eichenbrot, Buchenholzbrot… Kunstvolles. Aber du weißt: Was für den einen Appetit ist, empfindet der andere als Bauchweh. Und was einige als Appetit empfinden, das ist für andere ein Völlegefühl." „Dieser Satz stammt garantiert aus deiner Antiken-Datei." H öffnet die schwarzstaubige Weinflasche. Das Etikett ist nicht mehr lesbar. „Aber ein Juwel!" Er prostet E lächelnd zu. Sie nickt, nippt aber nur daran. *Ohne Aroma. Könnte Wasser sein.* Ihr kommen die Tränen. Schnell ablenkend zeigt sie auf seinen schwarzgrauen Monitor. H folgt mit seinen toten Augen ihrem Blick.

„Vielleicht ist dieses Aus der Energie nur das Vorspiel der Zerstörung unserer Skyscraper City." „Nein! Das ist keine Ouvertüre E. Wir sind bereits voll drin. Diese gigantischen, länderübergreifenden Lebensmittelproduktionsstätten mit ihren gewaltigen Gewächshauskathedralen ohne Energie: Du kannst leicht ausrechnen, wie lange noch... Aber wenn es da ist, solltest du am besten neben der Katastrophe stehen. Was nur möglich ist, wenn du schnell genug ausweichst, in Deckung gehst oder fliehst!" „Woher nimmst du Mensch nur deine perverse Ironie" „Nicht Ironie, sondern Humor! Mein Antitoxin gegen die Verzweiflung. Mit meiner bleibenden Blindheit ist der Humor tief in mir gewachsen und verankert. Ich bin überzeugt: Jeder, der lacht, kann nicht verrückt werden. Wer aber nicht lacht, der wird kurz über lang wahnsinnig oder korrupt, zynisch, bösartig, am Ende sogar verbrechensfähig."

H hat sich das dritte Glas eingegossen. E hat im Gegensatz dazu zum zweiten Mal abgewehrt. Sie sagt: „Wir leben hier in diesem Tower wie hinter einer unsichtbaren Panzerglasscheibe! Ich bin überzeugt, dass die Androiden, die Avatare, alle diese humanoiden Roboter sich näher sind als wir echten, leibhaftigen Menschen." „Vielleicht liegt der Grund darin...", sagt H., bitter lächelnd, „dass wir Menschen in den letzten Jahrhunderten bereits eine Trennscheibe der Lieblosigkeit zwischen uns errichtet haben. Es kann aber auch sein, dass unsere Welt inzwischen von einem anderen kosmischen System abgelöst wurde; was wir im Moment noch nicht, sondern erst dann merken, wenn es glühheiß oder eiskalt wird. Kalt ist es schon. Nicht nur an den Wänden. Spür mal deine Hände!" „Nein!" E lässt stimmbebend ihre Wut über den Verlust ihrer Sinne heraus. „Wenn du nichts mehr riechst, schmeckst, hörst, nichts auf deiner Haut spürst, wenn du deine Sinne verloren hast, dann ist dein Leben sinnlos, dann kannst du dir nur mit der Rasierklinge..." „Du hast das Sehen vergessen, E! Aber was für ein lebensfeindliches Zeug! Für mich ist alles dunkel, aber ich lebe noch... und ich will leben! Deine keineswegs verlorenen, nur lädierten Sinne musst du wiederbeleben, dich hoffnungserfülltem Denken zuwenden. Du warst – bist zu oft allein. Was für niemanden gut ist. Auch mir hast du dich zu oft entzogen, leider. Das Depressive in dir wird unwirksam, wenn du mit jemandem redest, wie jetzt mit mir; vor allem, wenn du Musik hörst, womit du deine auditive Aufnahmefähigkeit wieder sensibilisierst. Musik ist tiefes Atmen, ein Miteinanderatmen. Ja, Musik kann heilen. Komm! Lass uns... gemeinsam... langsam..." H steckt E und auch sich Mini-Sticks in die Ohren. Sie versinken in eine langdauernde auditive Phase.

Psychedelisches, von der Neuen Musik und dem modalen Jazz des 20. Jahrhunderts beeinflusst; aber auch subtile Elektronik des 21., 22., 23. Säkulums. „Wahnsinniges Hörerlebnis! Noch nie sowas erfahren!" ruft E, als sie die Sticks aus den Ohren nimmt.

Musikangeregt erzählt sie H sofort von der Form- und Farbenfülle in der Natur, obwohl sie diese selber nur selten erlebt hat. „Die Waldparadiese im Südwest-Corso... die springenden Bäche... grünkühlen Teiche... die Bauden ... die rustikalen Holztische... Schneehirschbraten, Pfefferküche, Baumpilze, Rentierspeck, Steinkartoffeln."

Und sie erinnert ihn an die bedeutenden Werke der Bildkunst vergangener Jahrhunderte, führt ihm durch ihr suggestives Erzählen die Bildobjekte derart lebhaft vor Augen, dass er begeistert ruft:

„Ich sehe alles vor mir... jetzt Bilder von Sam Francis... Jackson Pollock!... Emotionen, aus ihrem Unterbewusstsein herausgeschleudert!" E ist völlig baff und schweigt.

Sie sitzen sich ungewöhnlich lange wortlos gegenüber. Bis H leise sagt: „Dieses Dämmerdunkel weckt in mir so was wie eine Ur-Erinnerung an die Zeit, in der ich im Bauch meiner Mutter war, dem Quell-Ort unserer Sinne. Und trotz der Dunkelheit in mir erlebe ich noch immer die sanfte Helligkeit darin. Auch jetzt, nicht nur durch deine bilderinnernden Worte, habe ich diese lichte Welt vor mir. Und ich spüre deutlich die Wärme, die von dieser inneren Sonne ausgeht."

Wo bist du? Such mich doch! Guter Scherz! H lehrt sie das Tasten, Suchen, und das erfolgreiche Finden, aber auch das Erkennen der Gefahr, das Vermeiden von Stößen und Stürzen, die bei falscher Bewegung leicht passieren. „Aber doch nicht hier, auf deiner *Lustweide!*" E sagt nicht Lotterwiese, sondern *Lustweide*. Für H der erotische Startschuss.

Er zieht sich aus, völlig aus. E hört oder ahnt es nur. Sie kann und will es nicht sehen. So wie sie froh ist, dass H sie nicht so sehen kann. Am Morgen im Bad hat sie ihren Körper als nicht okay empfunden: „Nicht hässlich, noch nicht alt, im Grunde alterslos... nein, sag´s ehrlicher: Ein Neutrum... Du blödes Weib... wart´s ab!"

Jetzt betastet sie Hs nackten Körper, streichelt zärtlich über seinen Kopf. Spürt dabei eine erhabene Stelle, kaum zu bemerken, hemdenknopfgroß. H fühlt das Stocken ihrer Hand. „Eine implantierte Platine, mit atomkleinem Apparat im Gehirn, in unvorstellbar engem Kontakt mit meiner noch immer intakten Linse, die mir einige Konturen nebelscharf ins Gehirn schießt; vom Sehen jedoch keine Rede. Wenn ich das Ding in Gang setze, dann löst das derart entsetzliche Schmerzen aus, dass ich lieber im Dunkeln bleibe. Leider bleibt diese Scheißplatine drin."

Sie wenden sich wieder einander zu. Zunächst nur ein Tasten, ein scheues Berühren, dann das Anklammern, das Festhalten, bis zum Gewaltgriff; aber kein Hecheln, kein Stöhnen, nicht den leisesten Ansatz. Dieser Sex ist sanft, tiefatemerfüllt. Aber nur Sex. Oder doch mehr, etwas mehr? Im Blick auf das, was ihnen wie Endzeit, wie das Ende von allem erscheint. Wobei beide vermutlich nicht wissen, auch nicht wissen wollen, ob es das ist – oder was es ist.

„Ich sehe deinen Körper, H… ich spüre deine Haut… ich rieche den Mann an dir… ich höre deinen Atem… Komm zu mir… Bleib!"

„Lass uns restlos ausschalten, was dich noch von mir… was uns noch voneinander trennt."

Bild: Zärtlichkeit   *Dieter Utermöhlen*

Aimee Humme und Hans-Jochen Hüchting

Die kleine Kerze – Ein Märchen
Ein Tandemprojekt

Es war einmal eine kleine, wunderschöne und schneeweiße Kerze. Sie lebte in einer Villa und schmückte einen hölzernen Beistelltisch, der an einer Wand im Esszimmer stand. Ihre Schönheit hatte die kleine Kerze von ihrer Mutter geerbt – einer schlanken und edlen Stabkerze, die, flankiert von ihren nicht minder schönen Schwestern, in einem dreiarmigen Kerzenleuchter auf dem Esstisch erstrahlte. Ihr Vater, eine etwas untersetzte und immer gut gelaunte Stumpenkerze, blickte vom Tisch stets bewundernd zu seiner Frau hinauf. Etwas abseits stand die kleine, weiße Kerze in ihrem Kammerleuchter. Sie war ganz allein und beobachtete aufmerksam das Geschehen auf dem Tisch. Wenn die Kerzen entzündet worden waren und den Raum in ein warmes Licht tauchten, war die kleine Kerze besonders fasziniert. Dort loderten und flackerten sie gemeinsam, sodass die kleine Kerze die wohlige Wärme spüren konnte, die von ihnen ausging. Sehnsüchtig streckte sie sich dem Esstisch entgegen, bemüht, der kalten Einsamkeit ihres Daseins zu entkommen, und dennoch bewegte sie sich keinen Zentimeter. Sie wünschte sich nichts sehnlicher als an dem feurigen Ritual teilzuhaben. Die fröhlich leuchtenden Kerzen auf dem Esstisch schienen ein süßes Geheimnis miteinander zu teilen, welches der kleinen Kerze verborgen blieb, da ihr eigener Docht noch nie entzündet worden war. Sie alle glühten vor Leidenschaft, stoben Funken aus und knisterten, wenn die Flamme ihre starren Körper mit Leben füllte. Sich anmutig biegend, genossen sie die kostbaren Momente, in denen sie weich und beweglich waren.

Und die kleine Kerze? Sie stand stumm und regungslos auf dem hölzernen Tischchen und konnte ihnen dabei nur zusehen. So lange ihr Docht glatt und weiß blieb, schien es ihr unmöglich, ihren Gedanken und Gefühlen Ausdruck zu verleihen. Was würde sie dafür geben, sich endlich einmal lebendig zu fühlen! Sie wollte leidenschaftlich brennen, und unter der Hitze des Feuers könnte sie ihren betörenden Duft verströmen, während eine strahlend schöne Flamme ihr Haupt schmückte. Ihrer ureigenen Bestimmung folgend würde sie dastehen und den Raum so hell erleuchten, dass niemand mehr umhin käme, sie zu bemerken. Die kleine Kerze brannte darauf, ihre innere Schönheit, Kraft und Liebe endlich nach außen zu tragen, um sie mit allen anderen zu teilen, genau wie ihre Eltern, die sie auch deshalb so bewunderte. Beinahe unerträglich wurde ihre Sehnsucht, wenn sie das Liebesglück ihrer Eltern beobachtete. Ihnen musste die quälende Einsamkeit fremd sein, der sich die kleine Kerze jeden Tag ausgesetzt fühlte. Sie schienen stets nur für den jeweils anderen zu brennen. Sobald ihr Vater entzündet worden war, streckte er seine starke Flamme empor und begrüßte ihre erwartungsfrohe Mutter, die sich ihrerseits leicht zu ihm hinabbeugte. Auf sein fröhliches Knistern antwortete sie mit einem amüsierten Flackern, und so glühten sie einander begierig entgegen, ihre Flammen im selben Takt wiegend. Ihr Tanz war so leidenschaftlich, dass etwas von dem Wachs der Mutter an ihr und dem Leuchter hinabgelaufen und auf dem Kerzenteller mit dem Wachs ihres Vaters verschmolzen war. Jeder, der diese beiden Kerzen ansah, musste bemerken, dass sie eine unzertrennliche Einheit bildeten.

Die kleine Kerze wünschte sich sehr, eine solche Liebe selbst zu erfahren. Sie träumte davon, warm umschmeichelt und begehrt zu werden. Lebensfroh und in liebevoller Zweisamkeit mit ihrem Liebsten zu brennen, würde sie endlich erfüllen, und das würde ihrem Dasein einen Sinn verleihen. Dann wären, so hoffte sie, auch die unvermeidbaren Momente, in denen sie regungslos bleiben musste, nicht mehr so unerträglich. Aber wie sollte sie jemanden kennenlernen? Sie konnte ja nicht fortgehen, um nach dem richtigen Partner zu suchen. Wann immer sie so traurig grübelnd dastand, flackerten ihre Eltern tröstend zu ihr hinüber. Obwohl sie ihnen nicht antworten konnte, fühlte sie sich dadurch sehr ermuntert. Sie war ja noch jung und wusste natürlich, dass es erst an der Zeit war, über einen liebenden Partner nachzudenken, wenn sie eines schönen Tages angezündet werden würde. Dennoch fiel es ihr immer schwerer, geduldig zu warten, und so hatte sie sich bemüht, mit anderen Kerzen in Kontakt zu treten. Lag es daran, dass die kleine Kerze sie nur aus der Ferne beobachten konnte, dass kein Funke so recht überspringen wollte? Eine ganze Weile hatte das schweigsame Grablicht in ihrer Nähe gestanden. Anfangs hatte die kleine Kerze gehofft, seine Bekanntschaft machen zu können, und neugierig zu dem rötlich schimmernden Licht hinübergespäht. Doch ihre Euphorie war schnell verflogen, denn es nahm keinerlei Notiz von ihr. Unangezündet verharrte es still und regungslos und es schien sich, anders als unsere kleine Kerze, nicht einmal daran zu stören, denn weder warf es sehnsüchtige Blicke zum Tisch, noch versuchte es, mit den anderen Kerzen Kontakt aufzunehmen. Trübsinnig und phlegmatisch brütete es zermürbend still vor sich hin. So war die kleine Kerze froh, als das traurige Grablicht an einem regnerischen Tag fortgetragen wurde. Schwerer abzuwimmeln war das LED Teelicht von der Fensterbank schräg gegenüber. Wortgewaltig flackernd umwarb es die kleine Kerze. Anfangs fühlte sie sich geschmeichelt und war sogar ein kleines bisschen verliebt. Zwar hatte sie sich immer einen großen, starken Partner gewünscht, aber das Liebesglück ihrer Eltern trotzte schließlich auch derlei Oberflächlichkeiten. Bald schon störte es die kleine Kerze jedoch, dass sich das Teelicht vor allem selbst bewunderte. Sein Flackern blieb nichts als eine schöne, leere Hülse und die kleine Kerze, die sich doch so verzweifelt nach liebender Wärme sehnte, wurde es schnell leid, das LED Teelicht kalt und künstlich leuchten zu sehen. Während die zart aufkeimende Glut ihrer Liebe also wieder erlosch, fühlte die kleine Kerze sich immer hoffnungsloser.

So stand die kleine Kerze Tag für Tag ganz allein auf dem kleinen Tischchen an der Wand. Um sich herum hatte sie nur einige Fotos stehen, zu denen sich die Dame, ab und an auch der Herr herunterbeugten, so tief, als könnten sie die dargestellten Personen nicht gut genug erkennen. Wie gern hätte die kleine Kerze mit ihrem Licht die Gesichter dieser Personen wieder aufleben lassen! Nur ein Streichholz, kurz gerieben und an ihren Docht gehalten – und das Wunder wäre geschehen.

Nur ganz selten, wenn offenbar besonders gut duftende Speisen in den Schüsseln dampften, die auf den Tisch gestellt wurden, griff die Dame oder der Herr zu der Schachtel mit den Streichhölzern und zündete die Kerzen des Leuchters auf dem Tisch an. Wie sehr hoffte unsere Kerze dann, auch entdeckt zu werden und die Flamme des Streichholzes an ihrem Docht zu spüren. Eines Tages geschah es endlich. Der Blick der Dame fiel auf die einsame Kerze. Sie bemühte sich, den Blick aufzufangen und war sich sicher, erstauntes Bedauern darin zu erkennen. War ihr Hoffen endlich nicht mehr vergebens? Tatsächlich kam die Dame auf sie zu und entzündete ein Streichholz. Die kleine Kerze streckte ihr ihren Docht entgegen, spürte die Wärme der Flamme und sah deren Schein in den Raum leuchten. Endlich war ihr Wunsch zwar erfüllt, jedoch ungetrübtes Glück empfand sie nicht. Immer noch stand sie abseits, weit entfernt von den anderen Kerzen, von ihren Eltern auf dem Tisch, die wie stets sich miteinander zu unterhalten schienen. So gern wollte sie von ihnen beachtet werden und ihnen mitteilen, wie gern auch sie an ihrer Gemeinschaft teilhaben würde. Die kleine Kerze ließ ihre Flamme leuchten und in die Richtung ihrer Eltern flackern. Sie versuchte, sich hochzurecken und so die Blicke der beiden auf sich zu ziehen. Aber es schien umsonst. Zusätzlich schienen ihre Eltern plötzlich von etwas Ungeahntem fasziniert. Ihre Flammen flackerten aufgeregt, so als freute sie sich auf etwas. Was mochte das wohl sein? Sicher hatte es nichts mit ihr zu tun, aber vielleicht konnte sie an dem teilhaben, was die beiden vorhatten?

Da wurde es plötzlich laut im Haus, nachdem jemand die große Eingangstür geöffnet hatte. Fröhliches Rufen und Lachen von Kindern und schnelles Getrappel kleiner Füße drangen in das Zimmer. Die Tür wurde vorsichtig zu einem kleinen Spalt geöffnet, in dem zwei kleine Köpfchen erschienen, aus denen Augenpaare vorsichtig und neugierig in den Raum schauten.

„In dieses Zimmer dürft ihr erst morgen Abend hinein, wenn eine helle Glocke klingelt", hörte die kleine Kerze die Stimme der Dame. „Geht auf eure Zimmer und packt eure Sachen aus. Ich rufe euch später zum Mittagessen".

„Essen wir hier in diesem Raum?", fragte eines der Kinder, ein kleiner Junge.

„Nein, du Schlingel", lachte die Dame. „Du weißt doch jetzt, dass ihr nicht hineingehen dürft. Solange essen wir in der Küche. Die ist groß genug für uns alle."

„Auch für meinen Hunger", rief der Junge lachend.

„Was gibt es denn heute?", fragte das andere Kind, ein Mädchen.

„Das könnt ihr ganz bald erfahren, wenn ihr mir in der Küche helft", schlug die Dame vor.

„Ja!", jubelten die Kinder.

„Bei euch ist es so schön, Oma!", hörte die Kerze das Mädchen rufen. Da wurde ihr ganz warm, so als leuchtete ihr Docht. Es war ja schon schön, dass in dem Raum noch andere Kerzen waren. Mit denen würde sie gern einmal so fröhlich reden und um sie herumspringen, wie es die Kinder taten.

Am nächsten Tag wurde ein Baum in den Raum getragen und gegenüber dem Kamin in die Nähe eines der großen Fenster gestellt. Er verströmte einen intensiven Duft, den die Kerze noch nie gerochen hatte. Aber sie spürte sofort, dass er besonders gut zu

Kerzenduft passen würde. So ein ähnlicher Baum stand im Garten. Ihn konnte die kleine Kerze durch das Fenster zwar sehen, aber nicht riechen. Der war aber viel größer als der, der nun im Raum aufgestellt wurde, und hatte keine Nadeln wie der, sondern Blätter, die aber jetzt alle abgefallen waren. Die Dame und der Herr zogen die Vorhänge vor, wohl damit die Kinder, die im Garten tobten, nicht in den Raum sehen konnten. Die beiden und zwei jüngere Erwachsene hängten Sterne und kleine Tiere aus Stroh an die Zweige des Baumes. So stand er da, festlich geschmückt. Die kleine Kerze freute sich mit dem Baum. Aber als der Herr eine Schachtel zur Hand nahm und öffnete, wollte sie vor Begeisterung fast zerbrechen. Aus der Schachtel holte er behutsam viele Kerzen heraus und steckte sie in glänzende Halter, die er an die Zweige des Baumes klemmte. Wenn sie es gekonnt hätte – sie hätte getanzt vor Freude, unsere kleine Kerze.

Dann kam der Abend, an dem das Glöckchen erklang. Die Kinder sprangen in den Raum, blieben dann aber wie angewurzelt stehen und betrachteten staunend mit großen Augen den geschmückten Baum, an dem alle Kerzen um die Wette leuchteten. Jede schien ihr Bestes zu geben, um ein besonders weiches und warmes Licht auf den Baum zu werfen. Wie gern hätte die kleine Kerze sich auch auf einen der Zweige des Baumes gesetzt und mit den anderen zusammen in die Augen und Herzen der Kinder geleuchtet!

Erst dann entdeckten die Kinder den Tisch mit bunt eingepackten Päckchen.

„Das sind eure Geschenke", sagte die Dame. „Wenn ihr euer Gedicht aufgesagt habt, könnt ihr sie auspacken und euch ansehen."

Nichts dergleichen geschah. Vielmehr flüsterte das Mädchen dem Jungen etwas ins Ohr. Der hüpfte vor Vergnügen und hielt der Dame und dem Herrn ein kleines Päckchen entgegen, das er in seiner Hand hielt.

„Wir waren mit Mama und Papa auf dem Weihnachtsmarkt", erzählte der Junge aufgeregt.

„Da haben wir etwas besonders Schönes für euch gefunden."

„Wir sind sooo gespannt, ob es euch gefällt", fiel ihm das Mädchen ins Wort.

Die Dame nahm das Päckchen entgegen.

„Komm, wir packen es gemeinsam aus", schlug sie dem Herrn vor.

Die kleine Kerze kam aus dem Staunen nicht heraus, als sie sah, was zum Vorschein kam. In ihrer Hand hielt die Dame eine große, dicke Kerze, die einen Duft ausstrahlte, die die kleine Kerze fast zum Schmelzen brachte.

„Mama hat gesagt, das sei echtes Bienenwachs", rief das Mädchen aufgeregt.

„Ja", bestätigte die Dame. „Sie ist wunderschön und duftet so gut."

Zu dem Herrn gewandt fügte sie an: „Wollen wir sie nicht gleich anzünden?"

„Ja gern", stimmte der Herr ein. „Lasst uns einen besonders schönen Platz für sie finden."

„Ich weiß schon einen!", jubelte das Mädchen und hüpfte vor Aufregung.

Wie gebannt verfolgte die kleine Kerze jede Bewegung des fröhlichen Mädchens. Wohin würde sie die neue Kerze wohl stellen? Zielstrebig durchquerte das Mädchen den großen Raum. Die kleine Kerze traute ihren Augen nicht. Konnte das wahr sein? Würde sich ihr sehnlichster Wunsch endlich erfüllen? Ach nein! Sicher irrte sie sich... Aber in ihr war eine leise Hoffnung aufgekeimt, die sich mit jedem Schritt des kleinen Mädchens vergrößerte, das unverwandt den hölzernen Beistelltisch ansteuerte.

Das Mädchen nimmt die dicke gelbe Kerze, die so unwiderstehlich duftet, und stellt sie neben die kleine Kerze auf den Beistelltisch.

„Du sollst doch nicht so allein sein!", murmelt sie.

Die kleine Kerze kann ihr Glück kaum fassen, als die stattliche, sonnengelbe Kerze neben ihr platziert wird. Sofort umfängt sie der verführerische Duft nach Honig, der von der fremden Kerze auszugehen scheint. Und obwohl sie noch nie etwas derart Köstliches gerochen hat, beschwört der Duft eine unendliche Vertrautheit in ihr herauf. Aufgeregt und verlegen schielt die kleine Kerze zu dem Neuankömmling herüber und ist tief beeindruckt. Die gelbe Kerze ist hochgewachsen und etwas breiter als sie selbst. Stark und selbstbewusst steht sie da und strahlt eine angenehme Sanftheit und Wärme aus. Die gelbe Kerze schaut liebevoll zu der kleinen Kerze hinab und um beide ist es geschehen. Beflügelt durch die Liebe und das sonnige Gemüt der Honigkerze würde die kleine Kerze von nun an stets leidenschaftlich und freudig entflammen.

Als sie nach einiger Zeit zu dem Mädchen blickt, fällt ihr auf, dass die sie unverwandt anschaut.

Die Mutter fragt das Mädchen: „Was ist mit dir, Aimee? Wohin schaust du die ganze Zeit?"

„Zu der Kerze."

„Zu der aus Bienenwachs? Ja, die ist ja auch besonders schön."

„Nein, zu der anderen, der kleinen weißen."

„Warum denn die?"

„Weil sie so glücklich ist."

„Die Kerze glücklich? Wie kann das sein?"

„So ist es eben."

„Woran merkst du das?"

„Ich spüre es."

„Wie denn? Kannst du es riechen, hören oder sehen?"

„Weiß ich nicht. Ich spüre es eben."

„Das verstehe ich nicht."

„Ist auch schwer. Vielleicht schreibe ich darüber mal ein Märchen."

Tandemprojekte

Diese Geschichte ist als generationenübergreifendes Tandemprojekt der Offenen Schreibwerkstatt der UDL Göttingen entstanden. In diesen Projekten haben ein Regel-Student/eine Regel-Studentin der Uni und ein Senior-Student/eine Senior-Studentin aus der Schreibwerkstatt der UDL gemeinsam den Text geschrieben.

Bild: Samira Belmonte

Für die organisatorische Unterstützung der Tandem-Projekte und die Möglichkeit, sie als Studienleistung im SchlüsselkompetenzBereich anerkennen zu lassen, danken wir der Philosophischen Fakultät und insbesondere unserem unschätzbaren Helfer und Berater Matthias Kracht.

Manfred Kirchner
Danke!

Herzlichen Dank allen, die daran mitgearbeitet haben, dieses Buch zu gestalten und zu lektorieren. Besonderer Dank gilt Helga Margenburg, Martina Scheible, Lore I. Lehmann, Ruth Finckh und Birgit Heymann, die in vielen Stunden dazu beigetragen haben, dass dieses Buch gelungen ist und hoffenlich vielen Lesern Freude bereiten wird.

Danke, Dieter

Deine Augen sahen manches anders. Deine Hände führten Pinsel, Spachtel und Rolle sicher über Leinwand und Pergament. Den Bleistift und einen Skizzenblock trugst du immer bei dir, um die Momente einzufrieren für die stillen Stunden in deinem Atelier, für die schlaflosen Nächte, in denen deine Skizzen Formen und Farben bekamen. Du mochtest sie nicht, die Sprache der Nazis und der rechten Szene. Du mochtest sie nicht, die Mitläufer, die es hinterher

Selbstporträt: D. Utermöhlen

nicht gewesen waren und die Karriere machten. Wir haben diskutiert, wie Bilder Sprache werden können, wie sie einander ergänzen können. Du hast mir deine Gedanken aufgeschrieben, die Skizzen deiner Kindheit im zweiten Weltkrieg und aus den Hungerjahren danach, wie du in Bombentrümmern mit weiteren Kindern nach Essbarem gesucht hast, wie ihr „gestoppelt" oder Äpfel geklaut habt.

Ich wollte dir dabei helfen, aus deinen Texten Bilder zu machen, Bilder in Prosa und Lyrik, und diese Texte mit deinen Bildern verschmelzen zu lassen. Wir wollten, dass deine Stimme gehört wird. Leider ist deine Stimme zu früh verstummt. Vielleicht erreicht es ja das eine oder andere Bild, dass der Betrachter die Welt mit deinen Augen sieht, stumm, ohne störende Worte.

Auch wenn deine Malerei und Holzbildhauerei nur dein Hobby neben deinem Beruf waren, so haben sie doch dein Leben entscheidend bestimmt. Wir freuen uns, in deinem Nachlass viele deiner Werke auch jetzt noch sehen zu können

---

Dieter Utermöhlen ist im August 2021 im Alter von 86 Jahren verstorben. Er war viele Jahre Vorsitzender der Gruppe Bildende Kunst des Bahnsozialwerks und hat seine über 200 Bilder der Stadt Herzberg am Harz vererbt. Fünf seiner Bilder wurden in diese Anthologie übernommen.

Herzlichen Dank an die Stadt Herzberg

Wir danken der Stadt Herzberg am Harz und Bürgermeister Christopher Wagner dafür, dass wir Fotos der Bilder von Dieter Utermöhlen, die jetzt Eigentum der Stadt sind, in diesem Buch veröffentlichen dürfen.

Die Autorinnen und Autoren

Jonas Richter

Alexandra Grupe

Michael Groß

Julia Lubschik

Tatjana Josipovic

Gernot Sander

Nevena Radeva

Hans-Jochen Hüblong

Lore I. Lehmann

Birgit Heymann

Gaba Weis

Hansi Sondermann

Lara Döring

Karolin Grabe

Martina Scheible

Mirjam Elisa Ritz

Petra Koslowski

Helga Margenburg

Ruth Finckh

Manfred Kirchner

Samira R. Belmonte

Aimee Humme

Albrecht Thiel

Frauke Twiehaus-Fischer

Claudia Liersch